世界トップ機関の研究と
成功率97%の実績から
ついに見つかった!

1人でできる子になる
テキトー子育て

ハッピーエデュ代表
はせがわ わか

SB Creative

はじめに

その子育て、自己満足が目的なのでは……⁉

いい子に育ってほしい……。どんな親御さんでも当然望むことです。

勉強ができて、いい大学に入って、一流企業に入って、素敵な人と結婚して、と、型にはまった生き方を望む親はだいぶ少数派になったかもしれません。

でも、言うことをちゃんと聞いて、誰に対しても優しくて思いやりがあって、好き嫌いしないでご飯を食べて、早寝早起きして、遊んでばかりいないで勉強もしてとか、他にもいろいろと……望む親は、まだまだ多いと思います。「なんでうちの子は、いくら言ってもできないの‼」と怒り心頭に発するお気持ちも、もちろん分かります。私もひとりの息子を持つ親でありますから。

でも、いったん冷静になって考えてみますと、**ほとんどが親が子に「こうであってほしい」と望んでいる、そして、その通りに行動してくれないから、イライラしてくる、残念ながら、**

これが実態になっているようです。

「いい子に育ってほしいから、こんなに頑張っている！」ということでしょうが、厳しいことを言ってしまいますと、ちょっと疑問があるのも正直なところです。

まず、その教育で本当にいい子に育つのか？　それから、子どもが全然言うことを聞いてくれないのに、それでもしつこく言い続けたところで、子どもは親が望むとおりに動いてくれるのか？　このように、次々と疑問が出てきます。

実は、かなり多くのことが、子どもをいい子にするためになっておらず、むしろ無駄だったり、成長を止めてしまうなど悪い方向に向かってしまっている場合もあるのです……。

例えば、いつもモタモタしている子どもに「早くしなさい！」と言ったとしましょう。詳しくはｐ24からの「2　動きが遅い子どもをせかさない」で解説しますが、なかなか動き出そうとしない子どもこそ、よく考えて主体的に行動しているのです。せかしてしまうと、子どもが考える行為を妨げてしまいます。

一方で全員とは言わないまでも、すぐ動く子は反射的に反応しているだけで、考える習慣が不足していることもあります。

他にも、例えば次のことが子育てでは正解なのです！

- 「挨拶しなさい」と言わない
- 「他人の気持ちになって考えてみてよ」と言わない
- お手伝いが遊びになっても気にしない
- 友だちをえこひいきしても気にしない
- 無理に部屋の片付けをさせなくてもいい
- 「なんで、なんで？」と聞かれても、「そういうもの」と答えても構わない
- 食べ物の好き嫌いがあっても気にしない
- ジコチューでも気にしない
- 早寝早起きにこだわらない
- 文字を無理に書かせなくていい
- ドリルでのミスを正さない

「え〜、ウソでしょ!?　逆じゃないの⁇」と思われる方がいるかもしれませんが、でも、驚かせようと思って、でたらめなことを言っているわけではありません。

実は私、育児に関することを調べるのが大好きで、**国内外の1000以上の子育てに関する研究を調べ尽くした結果、たどり着いた結論**なのです。ハーバード大学、オックスフォード大学、スタンフォード大学、東京大学など、いろんな研究機関の論文を読み漁りました。

私自身も子育てが順調にいっておらず、どうしたらいいのかと悩み続けた挙句、いろいろと調べているうちにこのような方法がストックされていきました。こうして集めた最高の子育ての方法を1冊にまとめたのが本書です。

テキトー子育ては、効果が科学的にも証明されている

本書で紹介する育児法を眺めていたところ、ある共通点を見つけました。それはズバリ、「テキトー」。思えば私自身も、テキトーにシフトしてから、育児が順調に進むようになったのです。

テキトーとは「こうじゃないとダメ」ということにこだわるのではなく、「こだわらなくていいことにはこだわらない」という意味です。「子どもを雑に扱う」とか「完全にほったらかしにする」という意味ではありませんので！

ただ、テキトーを取り入れることで、親はイライラしなくなる、子どもはのびのびと育って自立するなど、いいこと尽くめなのです。

しかも、先ほども申し上げた通り、私の思い付きや経験則ではなく、国内外の1000以上の子育てに関する研究から導いていますので、科学的にも根拠があります。テキトー子育てを推奨し、しかも方法一つひとつに科学的根拠があることを示した育児書は、私が多くの育児書

を読んだ限りでは見つかりませんでした。

実際に200人以上の子どもに取り組んでいただき、97%のお母さんから評価をいただいた方法だけを、本書では厳選して紹介しています。

なお、本書で掲載した方法は、6歳以下の未就学児を対象としています。

でも、テキトーといっても、どのようにすればいいの？となると思いますが、ご心配なく。上手なテキトーを、簡単にかつ具体的に、本書で紹介しますから。

本書を通じて、今まで「良かれ」と思って頑張ってきた多くが、実はかえって悪い育児になってしまっていて、頑張りが空回りしてしまっていたことに気づくことがあると思います。完璧主義で頑張り屋のお母さんこそ、手に取っていただければ嬉しいです。

さあ、今日からもっと肩の力を抜いて、テキトーをうまく取り入れてください。余裕が出てきますから、子どものコミカルな動きを愉快に思ったり、今まで見落としてきた子どものちょっとした成長に気づいたりすることもあるはずです。子育てってこんなに楽しいんだ！と思うことも増えるでしょう。

それが、本書を通じて私が最も願うことです。

ハッピーエデュ代表　はせがわ　わか

※本書に登場する子どもたちの名前は、いずれも仮名です。

目次

はじめに……2

第1章 コミュニケーション

Section1 しつけ・手伝い

1 ヤル気を出させようとしない……20
—「ヤル気を出して」と言うのではなく「ひたすら待つ」のが正解

2 動きが遅い子どもをせかさない……24
—動きが遅い子ほど主体的に動いている

3 我慢《がまん》できない子どもに「我慢しなさい」と言っても無駄……26
—注意をするのではなく、微笑みかけてみよう

4 おやつをおあずけにしない……30
—食事前のおやつの我慢と引き換えに、食後のおやつを奮発する

5 「挨拶《あいさつ》しなさい」と言わない……33
――親が子どもの友だちに挨拶するところから始めよう

6 1歳半まではしつけをしない……37
――1歳半にならないと、やってはいけないことが理解できるようにならない

7 結果だけを見て叱らない……40
――子どもの行動の理由を知れば、叱らなくて済む場合も多い

8 「他人の気持ちになって考えてみてよ」と言わない……43
――幼児期の子どもにとって、他人の立場になって考えることは難しい

9 ごっこ遊びをどんどんさせる……46
――「きまり」を守れるようになるためには、ごっこ遊びはうってつけ

10 「何回言ったら分かるの？」は禁句……51
――日頃から「オッケー、大丈夫！」と言ってあげるほうがいい

11 「〜しちゃダメ」と言わない……55
――否定語で言うと、子どもには正確に伝わらない

12 うぬぼれていても、放っておく……58
――自己肯定感を高めても、勘違い人間にはならない

13 お手伝いが遊びになっても気にしない……60
――本当に助かるかどうかは二の次。他人を助ける喜びを感じさせるのが一番大事

14 お手伝いしてもご褒美《ほうび》をあげない……63
――ご褒美をもらうと、次からお手伝いをしなくなってしまう

Section2 優しくて思考力の高い子に育てるために

15 「優しい子になって」と言わない……66
――まずは親が率先して、困った人を助ける

16 指差しに楽しんで付き合う……69
――子どもの他人に共感する力が養われていく

17 3歳までの人助けは下手でいい……72
――まずは人助けしようとしている子どもに、親が共感する

18 友だちをえこひいきしても気にしない……76
——優しくされたり意地悪したりしながら、子どもは勝手に成長していく

19 子どもをたくさん抱きしめるだけでもいい……80
——人を寛容にする作用のあるオキシトシンが分泌される

20 仲のいい友だちとばかり遊んでも気にしない……81
——仲のいい友だちとたくさん遊ぶうちに、共感する脳の回路が強化されていく

21 叱るよりもまずは、困った相手の様子を伝える……84
——子どもが反省して心から謝れるようになる

22 強制ではなく、選ばせるほうがいい……86
——親がしてほしい行動を、子どもは喜んでしてくれるようになる

23 「どっちでも一緒でしょ！」とは言わない……88
——「どっちも同じじゃない！」というこだわりを経て、幼児は抽象的思考力を身につけていく

24 たくさん見つめ合い、たくさん一緒に遊ぶだけでもいい……91
——子どもと同じ目線で遊ぶことで、子どもの抽象的思考力は鍛えられていく

25 無理に部屋の片付けをさせなくてもいい……95
――親が率先してきれいにしていれば、やがて子どもは自分で片付けるようになる

26 子どもの間違いを訂正しない……97
――間違いを経ることで、自分で少しずつ上書き修正するから大丈夫

27 「なんでなんで？」と聞かれても、「そういうもの」と答えても構わない……100
――イライラしながら面倒そうに答えるより、はるかによい

28 「なぜ？」に事実で答えようと頑張らない……104
――説明を聞いても理解できない話は、子どもにとってはむしろ有害になることも……

Section3 親がしたい振る舞い

29 親が自分をかわいがる……108
――子どもに注意を向けすぎてしまうのも辛いもの。
頑張る親である自分にもご褒美をあげて、注意の向けすぎを抑えよう

30 子育て中にイライラしてもされても、ごく普通のことなので気にしない……112
――イライラしやすいのは、科学的に全て説明がつく

31 SNSなどで他人のリア充を見て、自己嫌悪に陥らなくてもいい……116
——たった1回の大成功だけ発表（アップ）していることが多いから

32 子どもとくすぐりっこをする……120
——笑うことで、イライラを解除する副交感神経が活性化される

33 1日1分、ボーッとする……122
——脳内をリフレッシュする最も簡単な方法

第2章 生活習慣

Section1 睡眠

34 早寝早起きにこだわらない……126
——それよりもはるかに大事なのは、決まった時間に起きること

35 子どもが夜中に起きても一生懸命に付き合わず、さっさと寝かす……130
――夜中に親が頑張るほど、子どもは正しい睡眠ができなくなる

36 親も家事より、まずはたっぷり睡眠……135
――家事が完璧かどうかよりも、ストレスや病気を遠ざける睡眠のほうがはるかに大事

37 発表会など本番の前の日はたっぷり眠らせる……139
――しっかり寝ることで、より正確に動けるようになる

Section2 食事

38 好き嫌いがあっても気にしない……142
――「楽しみながら」「親も同じものを一緒に食べる」「食事の準備に参加してもらう」などで、食べられるようになることも

39 食事は30分でおしまい……147
――30分後は、どうせ食欲がなくて食べたがらないから

40 むら食いを気にしない……149
――1日に食べる総量は、結局変わらないから安心しよう

41 ながら食べをさせない簡単な方法……153
――テレビをラジオに変えるだけでもだいぶ変わる

42 お箸を使うのを急がせない……157
――「手づかみ食べ↓スプーンやフォーク↓お箸」と進むのが正解

Section3 テレビ、動画

43 適度なテレビやスマホ動画で、子どもも親も息抜き……161
――テレビやスマホの動画は、一切観せてはダメではない

第3章 遊び

44 頭をよくしそうな遊びに興味を持たなくても、気にしない……168
――親が楽しそうに遊んでいれば、子どものほうから近寄ってくる

45 ジコチューでも気にしない……172
――子ども同士でもみあうことで、子どもは大きく成長する

46 遊んでばかりの幼稚園／保育園でも気にしない……178
――自由に外遊びさせる園ほど、頭も運動神経も発達する

47 ひっこみ思案でも心配しない……183
――違う年齢の子どもと遊ぶ機会を作ればいいだけ

第4章 学習

Section1 知育全般

48 幼児教室には行かなくていい……188
――子どもが自宅学習する習慣は、親が必ずかかわらないといけないから

Section2 国語

49 子どものそばで自分が好きな本を読むだけでも、立派な教育になる……192
——親が本を楽しむ姿を見せれば、子どもも本好きになってしまう

50 文字を無理に書かせなくていい……197
——文字の知識を増やすには、読むことだけをまずは考えれば十分

51 赤ちゃん言葉で話しかけるだけでもいい……200
——音韻意識を育てるのに、赤ちゃん言葉が大きく役立つ

52 子どもの返事は5秒待つ……203
——リラックスしたテンポで会話を楽しむのが、子どもの語彙力アップに最適

53 子どもの知育に迷ったら、絵本を読んでおけば間違いない……207
——絵本によって子どもの知能も、親の子育て力もアップする

54 小学校に入るまでは作文を書かせない……214
——絵を楽しんで描かせることから先に始めたほうがいい

Section3 算数

第1章
コミュニケーション

Section1 しつけ・手伝い

1 ヤル気を出させようとしない

――「ヤル気を出して」と言うのではなく「ひたすら待つ」のが正解

「ヤル気を出して！」と言うほど、ヤル気は出なくなるというジレンマ

ヤル気研究の世界的権威である、ロチェスター大学の心理学者エドワード・デシ教授たちの実験では、友だちに教えてあげたいと思ってヤル気満々で主体的に勉強している時と、テストがあるから仕方なく勉強している時とでの成績を比較しました。その結果、ヤル気満々で勉強した子どものほうがはるかにちゃんと理解していました(1)。これは誰もが何度となく経験していることかと思います。

さらに、同じ行動をするにしても、ヤル気満々で行動する時には脳の学習や記憶に関わる部分などが活発に動くのに対し、やらされている時にはこれらの部分があまり動かないことも分かっています（2）。

自分がやりたくてするのと、やらされてするのとでは、同じことをしていても脳の学習や記憶に関わる部分の動きが全然違うから、上達の仕方が全然違うというわけです。ですから、やらされている限りは、どれだけやっても大して上達しません。

つまり、いろんなことに**ヤル気をもって取り組むことができるようになった子どもほど、何でも上手にできるようになる**ということです。

例えば、待ちに待った幼稚園の運動会。朝からせっせとお弁当を作り、ジャージや運動靴《ぐつ》も買い揃え、意気揚々と行ったはいいのですが……。我が子はというと、ダンスでは立ち尽くしたまま周りをキョロキョロ。かけっこでは走っているのか、歩いているのか。玉入れでさえ、投げようともしない。なんでうちの子はあんなにヤル気がないの⁉

こんな時、おうちに帰ってつい「もっとヤル気を出さなきゃダメだよ！」と言いたくなるかもしれません。どうやってヤル気を出させてあげたらいいだろうと、頭を悩ませるかもしれません。

でも、ちょっと待ってください。**ヤル気を出させようとする行動こそが、子どものヤル気を削ぐ、諸悪の根源**です。なぜならヤル気とは、自分の意志で決めた時にだけ出てくるものだからです。「もっと頑張らなきゃダメだよ」などと発破《はっぱ》をかけても効果ゼロです。

親の「やってほしい」という思いが、子どもの「やりたい」という思いを追い越してしまうと、子どもにとって、かけっこもダンスも玉入れも**「親の期待に応えるためにやらなければいけないこと」になってしまいます。**「ヤル気を出しなさい！」なんて言ったが最後、もうヤル気は出せません。テコでも動かなくなります。

「やらぬなら、やるまで待とうホトトギス」が正解

そんな時は、子どものヤル気ない行動には一言も触れず、**笑って「今日は楽しかったね」とだけ言ってあげましょう。**たとえ泣きながら先生に連れて行かれたとしても、運動会に参加したのであれば、子どもは案外、満足していて、「かけっこ、頑張った！」と思っているものです。

そんな時、笑顔のパパやママに迎えられることこそが、必ず次のヤル気につながります。逆に、眉間にしわを寄せたパパやママに迎えられると、「自分はダメだったんだ」と感じて自信をなくしてしまいます。自分に自信を失った子どもから、もはやヤル気は絶対に出てきません。

子どもを待ち続けた結果、ある日突然、子どもが自分から勇気ある一歩を踏み出すことを経

験した親だけが、「待つ」ということの強烈な威力を知ることになります。そうすると、次からは親もどんどん待つことが上手になります。「どうせそのうち、ヤル気になるんでしょ」と思えるようになります。親も子どもも最初の一歩は難しいのですが、子どもの成長欲求は大人よりもはるかにパワーがありますから、待っていれば子どもの最初の一歩は必ずやってきます。

ですから、もう少しだけ待ってみましょう。子どもが自分から一歩を踏み出して以降、自信満々の笑顔でどんどん成長していく姿を一度、目の当たりにすれば、もう待たずにはいられなくなりますよ。

2 動きが遅い子どもをせかさない

――動きが遅い子ほど主体的に動いている

すぐ動く子は、反射的に反応しているだけ

「○○しようよ」と言われた時にパッと動く子どもが、ともすれば主体的に見えるかもしれません。でも実はこれ、**刺激に反射的に反応しているだけであって、主体的であることとは違うこともあります。**主体的であるというのは、自分で考えることです。

例えば、とある若い科学者が実験室にじっと座って考えているとします。最近読んだ論文に書かれていた実験のことで頭がいっぱいです。この間、書かれた通りに自分でもやってみましたが、うまくいきませんでした。なぜだろう？　どうしてうまくいかないんだろう……？　ここ数日は、実験するわけでもなく、ずっと考えてばかりです。

そしてある日、ハッとひらめいて、少しだけやり方を変えてやってみました。おっ、できた!!

「子どもは小さな科学者」などといいますが、論文の実験をやってみる科学者と、教えてもらったハート型を折り紙で折ってみようとする子どもとで、やっていることに違いはありません。自分がやりたいことを自分で考え、自分で決めて、自分で行動しているという共通項があるからです。

そしてこの研究者のようにじっと座り続け、目の前に折り紙があってもしばらくはなかなか折ろうとしないかもしれません。子どもが自分で考えるのには、とても時間がかかるからです。考えている時、人はとても主体的です。つまり、**なかなか動き出そうとしない子どもこそ、主体的な子ども**なんです。

でも、大人が「いいから、とりあえず折ってごらんよ」だなんて言ったとたんに、子どもは主体的でいることが難しくなります。、大人から言われたら、今までのように自分から考えることをやめてしまうかもしれません。

動きが遅い子どもこそ、ほったらかしていさえすれば、どんどん主体的に育ちますよ。

3 我慢《がまん》できない子どもに「我慢しなさい」と言っても無駄
——注意をするのではなく、微笑みかけてみよう

我慢をすると、頑張る力まで失ってしまう

子どもが我慢をしないといけない時って、いろいろありますね。じっと座っていること、食事前のおやつ、お友だちのおうちから公園に寄らずに帰るなど。素直に我慢してくれるなら、こんなにラクな話はありません。

でも、身もふたもない話ですが、我慢できない子どもに「我慢しなさい！」と言っても無理なんです。

としやくんの幼稚園の入園式。他の子どもたちがちゃんと座っているのに、としやくんだけはなんだかフラフラ、ソワソワ。お母さんはとしやくんが保護者席を振り返ったタイミングでキッと睨《にら》みを利かせてみましたが、シャキッとしたのはせいぜい10秒……。お母さんはだんだ

んイライラしてきましたが、**イライラすればするほど、としやくんはさらに落ち着きがなくなっていきました。**

フロリダ州立大学の心理学者ロイ・バウマイスター教授たちは、お腹が減っている学生たちに焼き立てのクッキーの香り漂う部屋に入ってもらう実験を行いました。一部の学生にはチョコチップクッキーを与える一方で、別の学生たちにはなんと、目の前にあるクッキーには手を出さずに、隣のお皿にあるラディッシュ（はつか大根）だけを食べるように言いました。

その後、絶対に解けない問題に取り組んでもらい、諦めるまでの時間を測った結果、チョコチップクッキーを食べた学生は平均で19分も取り組んだのに対し、ラディッシュしか食べていない学生は半分以下のたった8分で諦めてしまいました。チョコチップクッキーを我慢するというストレスで、頑張る力を消耗してしまったわけです。

バウマイスター教授はこれを「自我消耗」と呼びました(1)。**仕事で疲れるとつい食べ過ぎてしまうのも、嫌なことがあると怒りっぽくなってしまうのも、たくさん頑張ったあとは何もしたくなくなるのも、全部、自我消耗のせい**です。

ポジティブな気分になるほど、我慢できるようになる

幼稚園の入園式に参加していたとしやくんは、親にキッと睨まれることで、大きなストレスを感じました。そしてこの**ストレスによって、むしろ我慢してジッとしていることができなくなった**わけです。今、我慢できない子どもに**「我慢しなさい！」と叱れば叱るほど、我慢することができなくなってしまう**んです。

さらに実は、子どもにちゃんと座っていてほしいのに、他の保護者の手前「ちゃんと座っていようね」と伝えに行くことができないことにお母さんもストレスを感じていました。その結果、冷静でいられなくなってしまったわけです。親も、ストレスを感じるとイライラしやすくなるんです。

実はバウマイスター教授の実験には続きがあります。ラディッシュしか食べられずストレスをため込んだ、さっきとは別の学生に、今度は問題を解く前にロビン・ウィリアムズのコメディビデオを見てもらいました。すると、問題に取り組む時間が平均で1・5倍になったんです(2)。**楽しいなどポジティブな気分になると、我慢する力が回復する**ということです。

自分のイライラに気づいたとしやくんのお母さんは、カバンに忍ばせておいたキャンディをそっと口に入れたところ、スッと気持ちが静まっていくのを感じました。**イライラを収めるには、他にも目を閉じて深呼吸するだけでも効果があります。**

そうしたら今度は、子どもをポジティブな気持ちにする番です。落ち着きなくソワソワしているとしやくんにお母さんがニコッと笑ってみたところ、としやくんもちゃんと先生の話を聞く様子を見せ始めました。もちろん、完璧ではありませんが、睨んだ時よりはずっと落ち着いているようです。

子どもは親の笑顔で一気にポジティブな気持ちになります。無理やり子どもを我慢させるのではなく、まずは子どもが我慢できる状況にしてあげましょうね。

4 おやつをおあずけにしない

——食事前のおやつの我慢と引き換えに、食後のおやつを奮発する

待てないのは大人だって一緒。でも子どもはもっと待てない

そろそろ買い替えかなとケータイショップに入ってみると、そこには薄くてカッコいい機種が並んでいたとしましょう。急に自分のケータイが古臭く思えてきました。でも、2ヶ月後には新機種が発売されて、これらは1万円ほど安く買うことができそうです。さて、2ヶ月、我慢できますか？

今年の夏は友だち家族と海に行く予定があるとします。夏までに3キロ痩《や》せるために、もう1ヶ月も甘いものを我慢しています。そんな中、なんと家の近くに新しいケーキ屋さんがオープンし、今日だけどれでも半額だそうです。こんな時、買わずに我慢できますか？

人は「今」に価値を感じます。 2ヶ月後にかわいい水着でビーチを満喫することより、今、ケーキを食べることのほうが大事に思えます。これを「遅延の価値割引」といいます。まして

や、先のことを考えるのが苦手で、今を全力で生きている幼児ならなおさらです。

でも、幸せな家庭、大きな夢の実現、ずっと健康な体、など「未来の大きなご褒美」のために「今の小さな我慢」が必要な時もありますよね。

スタンフォード大学の心理学者ウォルター・ミシェル博士は、4歳の時に、「20分待てばマシュマロを2個あげる」と言われて、目の前にある1個を食べずに我慢できるかどうかが、将来のやり抜く力と関係していると言っています(1)。この「マシュマロテスト」と呼ばれる実験は世界中で何度も追試されていて、いろんな見方がありますが、未来のために小さな我慢をする力が大事なことは間違いないようです。

ちなみに、脳のど真ん中辺りにある欲求を感じる部分は、生まれて間もなく発達が始まります。一方で、思わずマシュマロに伸びる手を止めるなど、欲求を抑える働きをする部分はおでこの辺りの前頭前野にあり、3歳から7歳にかけて前頭前野の神経細胞の数は急速に増えてきます(2)。ですからこの頃にイヤイヤ期が終わりを迎えて欲求をコントロールできるようになり、他人の考えが理解できるようになり、そしてマシュマロテストをクリアする力も育ってくるわけです。

我慢する力は、筋トレのように鍛えることができる

そして、フロリダ州立大学の心理学者ロイ・バウマイスター教授は「**我慢する力は筋肉のようなもので、使えば疲労するが、鍛えることもできる**」と言っています(3)。無理のない小さな我慢を少しずつ積み重ねることで、大きな我慢ができるようになるわけです。

例えば、今日でも来週まで我慢しても、どちらでも1万円もらえるなら、今日、ほしいに決まっています。でも、来週まで待てば1万1千円もらえるようになるなら、今日もらうかどうか少し迷いますね。来週まで待てば2万円になるなら、余裕で待つことができます。でも、いつか2万円あげると言われても、待つことはできません。

つまり、**我慢したあとに得られるものが大きいほど、また、いつまで待てばよいかがはっきりしている(できれば待つ時間が短い)ほど、簡単に我慢できる**ということです。「食事の前におやつはダメ!」では我慢できなくても、「今は我慢して、食後にフルーツ三昧にしましょう」と言われたら、グッとハードルが下がります。

遊んでほしいと言う子どもに「あっち行ってて!」なんて言ったら泣いて収まりがつかなくなるかもしれませんが、「10分で手が空くから、そしたら公園に行こう」と言えば大人しく

待っていられる可能性が高いわけです。

そして、できる我慢を積んで少しずつトレーニングすることで、子どもの我慢する筋肉が鍛えられます。これによって、**大人になった時、やるべき時に、すべきことをやり抜くことができるようになる**わけです。

無理なく少しずつ成長するほうが、子どもも親もストレスが少なくていいのです。

5 「挨拶《あいさつ》しなさい」と言わない
――親が子どもの友だちに挨拶するところから始めよう

幼児は普段の行動をなかなか変えられない

近所で知り合いに会った時、ちゃんと挨拶する子どもは気持ちがいいですよね。

でも、**「挨拶しなさい」といくら言っても、自分から挨拶する子どもにはなかなかなりません。**子どもが親から「挨拶しなさい」と言われ続けるだけです。そんなの、いつまでもやってはいられませんよね。

実は人の行動の95％は習慣によるものだといわれています。習慣ということは、ほとんど無意識で行動しているわけです。リモコンや食器をあまり考えないで自然と決まった位置に戻したり、泥酔しても家に帰ることができたりするのも、普段、無意識に行動しているからです。残りの5％の行動だけが、「いや、これはやってはいけない」と意識したりして、自分を律しながらさされています。ちなみに、意識すると間違った行動をとることもあります。歩き方を意識すると足がもつれたり、人との会話で自分の発言を意識すると言葉に詰まったりします。

そして、**幼児は大人よりもっと、いつもの習慣に縛られています。**例えば、2歳くらいの子どもは、かくれんぼで隠れていられず、鬼が近づくと「ここだよ！」と飛び出してしまいます。誰かが自分を探している時には「ここだよ」と言うのが普通だからです。

また、例えば白いカードを見た時には「くろ」、黒いカードを見たときには「しろ」と、いつもと逆を答えるテストでは、3歳半から7歳にかけてやっと正答率が上がっていきます(1)。**幼児期はつい、普段通りの当たり前の行動をしてしまう**んです。

挨拶するようになるまで気長に待とう

ですから、**挨拶をできない子どもが挨拶するようになるためには、挨拶するのが当たり前だと思わせてあげればいい**わけです。

そのための簡単な方法は、例えばお友だち親子に会った時、**親ではなく、子どものお友だちに挨拶をする**ことです。「こんにちは」も「バイバイ、またね」も、できれば屈《かが》んで目の高さで笑って挨拶してあげましょう。そうすれば、子どものお友だちも挨拶を返しやすくなります。

子どもはお友だちのことしか見ていませんから、お友だちが自分の親にいつも挨拶するところを見れば、挨拶するのが当たり前になってきます。そうすれば、いずれ自分から思わず挨拶するようになります。**それまで気長に待ちましょう。何度も「挨拶しなさい」というよりずっとラク**ですよ。

ちなみに、「こんにちは」は本来「今日は（こんにちは）ご機嫌いかがかしら？」ということで、つまり「あなたがご機嫌なら私は嬉しいです」という気持ちを伝えるためのものです。「さようなら」は「そうであれ（さようなら）ば、ご機嫌でしょうね」が変化したものともいわれており、やっぱり相手の幸せを願うためのものです。ちなみに「Good bye.」ももともとは「God be with you.」であって、つまり「神様がそばにいますよ」という意味です。世界中どこでも、挨拶で伝えたいのは、相手の幸せを願う気持ちです。

「こんにちは」も「さようなら」も「ごめんなさい」も「ありがとう」も、無理やり言わされる言葉に、相手の幸せを願う気持ちは込められませんよね。もしモジモジしてちゃんと挨拶できなくても、相手の幸せを願う気持ち、つまり、会えて嬉しそうな心が伝わるほうが100倍大事です。

お友だちに会えて子どもが嬉しそうなのであれば、「挨拶しなさい！」なんてわざわざ言わなくても、そのうち自然と「こんにちは」が出てくるようになりますよ。

6 1歳半まではしつけをしない

――1歳半にならないと、やってはいけないことが理解できるようにならない

幼児でも「きまり」と「道徳」は区別できる

「車道に飛び出さない」「人に意地悪しない」「おやつばかり食べない」など、子どもが守るべきことはいろいろあります。これらをまとめて「社会性」と言ったりします。

アメリカの心理学者エリオット・チュリエルは、このような「守るべきこと」は3種類に分かれ、それぞれ別々に発達すると言っています(1)。その3種類には次のように、「道徳」「きまり」「個人的な決め事」があります。

道徳…文化や社会にかかわらず、人として絶対に守らなければならないこと。守らないと誰かが悲しんだりすること。犯罪やいじめなど。

きまり…特定の社会システムがうまく回るようにするためのルール。幼稚園や保育園ではＮＧ

でも、家庭ではOKであったり、またはその逆であったりすることもある。国が変われば変わることもある。交通ルール、食事のマナーなど。

個人的な決め事…その影響が基本的に自分だけにおよぶこと。歯磨き、日記など。

中でも「道徳」と「きまり」の区別は難しいと感じるかもしれません。でも、チュリエルたちがたくさんのプレスクール（日本では幼稚園や保育園が該当）での生活の様子を観察したところ、手を洗う時に順番に並ぶなどのきまりを守っている（守るべきことが分かっている）子どもが守らない子どもに指摘することはほとんどありませんでしたが、お友だちを叩かないなどの道徳を守らない子どもに対しては大人と一緒になって指摘することが分かりました(2)。

つまり、**幼児でも「きまり」と「道徳」をちゃんと区別しているわけです。ただし、「きまり」と「道徳」では、教え方や教え始める年齢が違います。**

そして、しつけは主に、「きまり」について教えることです。

守ってほしいことは、守りたくなる環境を用意する

ドイツの発達心理学者シャーロット・ビューラー教授が、1歳から2歳の子どもに「このお

もちゃを触ってはいけないよ」と言い残して部屋を出たところ、案の定、全員がおもちゃに触りました。ここまではみんな同じです。

でも、ビューラーが急に部屋に戻った時にビックリして「やっちゃった！」という表情をしたのは、1歳4ヶ月では半分強でしたが、1歳6ヶ月では全員でした(3)。つまり、**およそ1歳半頃には、やってはいけないことがちゃんと理解できる**ということです。逆に、1歳半より前には、きまりを理解できません。食事中に歩き回る1歳0ヶ月の子どもに「座って食べなさい」と言ってもなかなか難しいわけです。

こんな時は仕方がないので、例えば抱っこして一緒に食べるなどして、座っていたくなる環境を親が作ってあげましょう。心理学者であり、お茶の水女子大学の元学長でもある波多野完治教授は「環境を整えてやらなかったために（1歳半未満の）子どもが過ちを犯したのなら、笑って、**今度からは過ちがないような環境を作り出してやらなければならない**」と言っています。そう、1歳半までは問題が起きない環境づくりが大事なんです。

「きまり」についてよく分からない子どもに躍起《やっき》になって守らせようとすると、親だってクタクタになってしまいます。やっと芽が出たばかりなのに、花が咲かないと神経をすり減らすようなものです。

時間が経てば、理解できるようになります。「きれいな花を咲かせてね」と言いながら水をあげるように、「お食事は座って食べようね」という声掛けはしながら、まずはお膝《ひざ》の上にでも座って食べさせてあげましょうね。

7 結果だけを見て叱らない

——子どもの行動の理由を知れば、叱らなくて済む場合も多い

「きまり」を守るようになるには3つの段階がある

さて、問題です。悪いことをして、叱られるべきなのはどちらでしょう。

A…つばさくんはいつもママのカバンからお菓子を取って叱られていました。だから、勝手にお菓子を取るのは禁止です。でも今日もつい、ママのカバンを勝手にゴソゴソ。あれ？　カバンの底にキラリと光るものが。「ママ、これなに？」なんとそれは、ママがずっと捜していた、

大切な婚約指輪でした。

B…ひかりちゃんは最近、お絵描きに夢中です。今日は画用紙に、ママの絵を描いています。その時、ひかりちゃんはひらめきました。ママの口に、ママの口紅を塗ったら素敵かも♡　善は急げと、いつもママが愛用している、一番ママっぽいピンクの口紅を画用紙のママに塗ろうとしたところ、ボキッ！　なんと、根元から折れてしまいました……。

発達心理学の基礎を作ったスイスの偉大な心理学者ジャン・ピアジェは、子どもが「きまり」を守るようになるのに3つの段階があると言いました(1)。

第一段階（1歳半まで）…守らなければいけないと思っていない段階

第二段階（1歳半〜およそ6歳）…守れと言われるから守る段階。なぜ守らなければいけないのかという理由ははっきりとは分かっていないが、言われることは聞かなければいけないと思っている。「きまり」の理由には目が向いていないので、自分の欲求が「きまり」とぶつかった場合は、「きまり」を守るのが難しくなる。お店の商品を触っちゃダメだと言われても、すごくおもしろそうなものを見つけるとつい、触ってしまったりする、など。

第三段階（およそ7歳〜）…「きまり」の理由を考えることができる段階。お店の商品を触っちゃダメなのは、ダメだと言われるからではなく、壊したり汚したりしてしまうと困るから、など。

結果だけに注目すると、間違った気づきを与えてしまうことも

ピアジェによると、幼児期はほとんどが第一、第二段階だそうです。ということは、幼児に「きまり」を教えるというのは、第三段階にさせてあげること、つまり、守れと言われるから守るのではなく、「きまり」の理由に目を向けさせてあげることです。

そのためには、何よりも親が、子どもの行動の結果だけを見て叱らないようにしなければいけません。先ほどの問題で、つばさくんが叱られるおうちもあれば、ひかりちゃんが叱られるおうちもあります。もしつばさくんに「ありがとう！」などと言うことは、**「悪いことしても、結果オーライってこともあるよ」と教えているのと同じ**で、子どもは「見つかんなきゃ、大丈夫」と考えるようになります。

一方で、ひかりちゃんを叱ってしまうのは、「自分で考えて、勝手なことしちゃダメ」と教えてしまうのと同じで、子どもは**「言われたことだけやろう」と考えるようになってしまいます。**

「どうしてママのカバンを触ったの？」「どうしてママの口紅を折っちゃったの？」という風

に、**まずは理由をちゃんと聞いてあげましょう。**

ひかりちゃんを叱る必要は一切ありません。折った口紅を泣きそうな顔で持っている子どもを見るとビックリしてしまいますが、ひかりちゃんのアイデア、やっぱり素敵ですよね。

子どもの自由な創造力を生かすも殺すも、親の心がけ次第ですよ。

8 「他人の気持ちになって考えてみてよ」と言わない

——幼児期の子どもにとって、他人の立場になって考えることは難しい

6歳の子どもの99%が他人の立場で考えることはできなかった

またまた、問題です。

木登り好きのはるかちゃんは、ある日、木から降りようとして落ちてしまいました。お父さんはとても心配したので、はるかちゃんはお父さんに「もう木には登らない」と約束しました。

数日後、りゅうくんの子猫が木に登って降りられなくなりました。りゅうくんははるかちゃんに、子猫を降ろしてあげてほしいと頼みました。はるかちゃんはお父さんとの約束を思い出して困ってしまいました。

【質問】　もし、はるかちゃんが木に登ったことをお父さんが知ったら、はるかちゃんはお父さんがどうするだろうと考えますか？

ハーバード大学の教育心理学者ロバート・L・セルマン教授は、先ほどの木登りのような問題を子どもでテストしています(1)。

実は、この問題には正解はありません。「叱る」と答えても「喜ぶ」と答えてもよいのですが、どのくらい他人の立場に立って考えること（「社会的視点取得能力」といいます）ができるかがポイントです。

そして、**幼児期の子どもは他人の立場になって考えることはまだ難しい**と言っています。子どもの答えは例えば、「喜ぶ。猫が好きだから」とか「叱る。ダメって言ったから」などという感じです。でも、「はるかちゃんはどうして木に登らないと約束したの？」と聞かれると、はるかちゃんを心配しているお父さんの気持ちを察したということは、なかなか想像できないわけです。道徳性発達心理学者の荒木紀幸教授が日本の子どもでテストした結果でも、**6歳の子どもの99%が他人の立場で考えることはできなかった**そうです(2)。

大人であれば、他人の立場に立って、その時の気持ちを察しようとすることができます。だからこそ、子どものお誕生日会に誰を誘うか決める時に、Aさんを誘ったらBさんも誘おうってきっと言うだろうけど、CさんはBさんと馬が合わないから……なんて考えてうんざりしたりもしますよね。

他人に迷惑をかける他の子がいたらチャンス!?

ですから、レストランで騒いでいる子どもに「他のお客さんに迷惑だと思わないの?」とか「お店の人の気持ちを考えてよ!」だなんて言っても伝わりません。親が怒っているので悪いことをしているのは分かりますし、静かにしろと言われるから静かにしたりもしますが、**何が悪いのかはちゃんと理解できていない**んです。

こんな時には「○○ちゃんが楽しく食べたい時に騒いでいる子がいると嫌でしょ」という風に、**自分視点で伝えてあげましょう**。でも、これも本当に伝わっているか、ちょっと不安ですよね。

ん？　ということは、ですよ。もしレストランで騒いでいるよその子がいたら、「○○ちゃんが美味しく食べたい時に騒いでいる子がいたら……」を経験させてあげる絶好のチャンスだということにもなりますね。「ああやって騒いでいる子がいると、落ち着かなくって、嫌だね」と、耳打ちしてあげましょう。

その後は店員さんに静かにしてもらうようにお願いして、帰り際にその子に「静かにしてくれてありがとう」と伝えることができれば、お互い成長できてハッピーですね。

9 ごっこ遊びをどんどんさせる

――「きまり」を守れるようになるためには、ごっこ遊びはうってつけ

ごっこ遊びでできたあとに、生活でできるようになる

先ほどの「7　結果だけを見て叱らない」のところで、「幼児期は『きまり』の理由に目を向

けることが難しい」と言いました。それでも少しだけできるようになって、その力を全力で使って遊ぶのが、ごっこ遊びです。

5歳頃からはごっこ遊びの中で「探検隊ごっこしよう」「ここはジャングルだよ」「ぼくが先頭ね」というような〝ルール〟を自分たちで決めることができます。そして「○○ちゃんは小さいから誰かと手をつないでね」とか「あそこより向こうは危ないから立ち入り禁止ね」というように、遊びがうまく回るために「きまり」を自分たちで作り出します。

さらに、「8『他人の気持ちになって考えてみてよ』と言わない」のところで「幼児期に他人の立場に立って考えることは難しい」とも言いましたが、こちらも生活の中でよりも先に、ごっこ遊びの中で子どもはできるようになります。お店屋さんごっこ、お医者さんごっこ、ヒーローごっこなど、どれも自分が別の誰かの立場になって、その人になりきる遊びです。

ごっこ遊びは生活の中でのきまりを守る力の1歩、いや、3歩くらい先を進んでいます。**ごっこ遊びの中でできるようになったことが、しばらくして生活の中でもできるようになる**わけです。恐るべし、ごっこ遊び！

ロシアの心理学者レフ・ヴィゴツキーは、**ごっこ遊びこそが最も幼児期の発達をうながす遊び**だと言いました。ごっこ遊びの中で想像力は発達すると言われていますが、「きまり」を守るための力もごっこ遊びで育つわけです。**ルールを守る力、他人の視点に立つ力、他人の気持

ちを理解する力と、ごっこ遊びのレベルとの関係についてはたくさんの研究があり(1)、その発達メカニズムもいろんな説がありますが、これらに深い関係があることは間違いないようです。

子どもは1歳頃から、空っぽのコップで飲むふりをしたり、葉っぱをお皿に見立てて石を食べるふりをしたりし始めます。最初はただ「そんなふり」をするだけですが、2歳頃になるとお友だちと一緒に空《から》の段ボールを使って電車ごっこを楽しんだり、カラフルな折り紙をお料理に見立てた遊びをしたりします。でもこの段階ではまだ、電車に乗るのもお料理するのも「自分」です。

そして3、4歳頃から、段ボール箱を電車に見立てるなど**「ものを別のモノに見立てる」のではなく、「自分を別の人に見立てる」ごっこ遊びが活発になります。**幼稚園の先生やお医者さん、ヒーローなどになりきって、他人の視点で世界を眺めることを遊び始めるわけです。

さらにまだまだレベルが上がります。例えばお友だちと一緒に探検ごっこをしている時、探検隊のキャラクターを演じるお友だちが転んだときの声掛けは、普段のお友だちが転んだ時の声掛けとは違います。「だいじょうぶか？　これにつかまるんだ！」「うん、だいじょうぶ！」「わかった、よし、いくぞ！」というやりとりもします。目の前で転んでいるお友だちが探検隊員になりきっていることも理解して、それにふさわしい声掛けをするわけです。

ごっこ遊びで「きまり」を守る練習を積むことができる

ところで、算数が解けない子に「解けって言ってるでしょ！」と言ったところで絶対に解けるようになりませんよね。繰り上がりは何度教えても同じ間違いをしますし、引き算なのに足してしまうこともありますし、文章題なんて、なぜ分かんないのか大人にはさっぱり理解できませんが、それでも子どもには難しいものです。

同じく、「きまり」を守れない子どもに「ダメって言ってるでしょ！」と言ったところで、守れるようにはなりません。**何ができて何ができないのかをちゃんと理解してあげて、何度でも根気強く丁寧に教えて、やっと腑《ふ》に落ちる**わけです。

ただ、算数は何度も間違えてみることが簡単にできます。でも、生活の中での「きまり」は、そのようなシーンに出会わないといけないため、何度でも間違えるというのが難しくなります。また、信号を守るということになると、一度も間違えることはできません。

そんな困った時こそ、そう、ごっこ遊びです。**「きまり」を守れるようになるには、いきなり本番ではなく、日頃からの練習が肝心。**

例えば、レストランごっこで、お客さん役のママが大騒ぎして、コックさん役の子どもに怒られてみるとか、「ここからあっちは道路ね」と言って、車になりきったパパが道路ゾーンに飛び出した子どもにドーンとぶつかってあげるとか（子どもは大はしゃぎで何度も飛び出してきますが）、他にも、お人形たちを並べて「割り込んじゃえ！」などと言いながら「順番横入りごっこ」をしてみるとか。

こんなことをして遊ぶうちに、レストランや道路や順番待ちで、子どもは何をするべきかがちゃんと分かるようになっていくんです。「ダメって言ってるでしょ！」と声を荒げなくても、自分から率先してきまりを守るようになっていきますよ。

10 「何回言ったら分かるの?」は禁句

——日頃から「オッケー、大丈夫!」と言ってあげるほうがいい

「親は常に正しく完璧」だと、子どもは思っている

人間の赤ちゃんはとても未熟な状態で生まれてきます。スイスの生物学者アドルフ・ポルトマンが「人間は他の哺乳動物の赤ちゃんに比べて1年早い状態で生まれてくる」と言っているくらいです。他の哺乳動物の赤ちゃんと同じであるならば、お腹から出てきたら「オギャー」ではなく「ママ!」と言ってお母さんを指差し、分娩台《ぶんべんだい》につかまりながら足をプルプルさせて立ち上がる、というわけです。

でも実際は、人間の赤ちゃんは生後かなりの間、親に守られ、住む場所や食べ物などを与えてもらい、全部を親に頼って生きていきます。そういうわけで、親がどんなにだらしなくても、失敗ばかりしていても、忘れものばかりしていても、**子どもは「親は常に正しく、完璧」と考えるようになる**んです。

子どもの発達についてちゃんと理解すると、「子どもなんてそんなもの」「これだって、すごい成長！」という感じで、むしろ力が抜けていい意味でテキトーに子育てできるようになります。そうやって、**常に正しく、完璧だと思っている親がいつもニコニコしながら「オッケー、オッケー」と言ってくれるだけで、子どもは「自分の行動は正しいんだ」「ありのままでいいんだ」というポジティブな自己イメージを持つようになります。**

一方で、ちゃんとしよう、いい子に育てよう、少しでも早く成長させようと躍起になればなるほど、イライラすることも増えるものです。そうやって、常に正しく、完璧だと思っている親がいつもイライラしながら「早く、早く！」「違うってば！」「何回言ったら分かるの？」と否定するほど、子どもは「自分の行動は間違っている」というネガティブな自己イメージを持つようになります。

親は絶対に正しいと思っていますから、どんなに理不尽でも、子どもは全部、自分が悪いと感じます。そして、「正しい行動が分からない」と自分の行動に自信がなくなり、「自己否定感」がどんどん強くなります(1)。

そして、人間は自分のイメージに合うものを重視し、自分のイメージに合わないものは軽視するといわれています。例えば、「今日はついてないな」と思っている時に、財布を無くし、散々探した結果、見つかった、とします。そんな時「見つかったからいいけど、財布を無くすなんて、やっぱり今日はついてないなぁ」と感じてしまいます。

でも、「今日はついてるな♡」と思っている時に同じ出来事に遭遇すると、「無くした財布も見つかるなんて、今日はやっぱり、ついてるな」と感じるわけです。

こんな風に、**人は自分のイメージに合うように都合よく解釈します。自己イメージについても、同じ**なんです。

子どもは親から言われた通りのイメージを、自分に投影させる

つまり、日頃から自分の行動は正しい、うまくいくというポジティブな自己イメージを持っていると、たとえちょっと失敗しても、大して意識することなく記憶にも残りません。逆に、うまくいくと「ほら、やっぱり！」と、ポジティブな自己イメージがさらに強化されます。こうしてどんどん、自己肯定感が育っていきます。

一方で、日頃から、自分の行動は間違っているというネガティブな自己イメージを持っていると、ちょっとした失敗も「やっぱり失敗した」と感じるようになります。こうしてネガティブな自己イメージが強化され、さらに自己否定感を感じるようになるわけです。

こういうわけで、日頃から「オッケー、オッケー」と言ってポジティブな自己イメージの種

を蒔いても、「何回言ったら分かるの⁉」と言ってネガティブな自己イメージの種を蒔いても、その通りの自己イメージに合うようにものごとを「やっぱり！」と解釈して、子どもは自己イメージをどんどん育てていきます。**子どもは親が発した言葉通り、示した態度通りの子どもに育っていく**わけです。

ここで申し上げたいのは、子どもの間違いにあまり注意をしすぎないでください、ということです。大人だって、間違いはしてしまうのですから。

大人でも、例えばいろんな育児本を読んで「子どもに優しくしなきゃ」って思ったりしますよね。さらにはお釈迦さまの言葉を読んで「イライラしちゃダメだな」と、心から反省することもあるかもしれません。「今日からは心穏やかな親になる！」とグーを突き上げたりするかも。でもやっぱりイライラしてしまいます。やる気はあるんですけどね。

だけど、そこにあの完璧なお釈迦さまがやってきて「何回言ったら分かるの？」「一度言ったこと、またやらないでくれる？」だなんて言われると、どんなに悲しいことか……。大人だってそうですから、ましてや子どもなんて、一度、言われただけでできるようになんてなりません。

子どもができるようになるまでに、同じ間違いを10回くらい繰り返します。1回や2回では、

まだまだです。「この間、言ったばかりなのに……」「わざとやっているのかしら」と思うこともあるかもしれませんが、子どもは「確かに、ダメだな」ということを確認しながら、少しずつ理解していくわけです。

「大丈夫だよ。きっとできるよ」と言っていれば、そのうち本当にできるようになりますよ。

11 「～しちゃダメ」と言わない

――否定語で言うと、子どもには正確に伝わらない

肯定語に言い換えるだけでOK

「ウサギを想像しないでください」

そう言われると、ウサギを想像してしまいますよね。つまり「ウサギを想像してください」

と言われているのと同じ反応をしたことになります。

人間の脳は、否定語を理解するのが難しいんです。子どもはなおさらです。

京都大学の松村暢隆教授は、各年齢18人ずつの幼稚園児に対して、指示に合う色と形の組み合わせの図形を選ぶように言いました。すると、肯定語の場合、例えば「赤い三角」を間違えた4歳児は一人だけ、5歳児で全員正解でした。

一方、否定語の場合、例えば「青い丸と違うもの」という指示を出すと、正解した4歳児は18人中7人しかいませんでした[1]。「青い丸」に気持ちが囚われてしまうんですね。

ですから、例えば結婚式に参列する時に「ここでは騒《さわ》いじゃダメだよ」と言われれば言われるほど、子どもは「ここでは騒ごうね」という言葉のシャワーを浴びたのと同じ状態になります。やってはダメだと分かっていても、頭の中では「騒ぐ」に気持ちが囚われてしまいます。

つまり**「○○しちゃダメ」という否定語の言葉がけは、子どもの意識にわざわざやってはいけないことのイメージをどんどん注いでいるのと同じ**です。結果、ちょっとした刺激でやってはいけない行動をさせてしまいます。

この場合は「ここでは静かにしていようね」という風に、**肯定語で伝えてあげればいい**んです。そうすると子どもの意識には「静かにする」が注がれます。肯定語で語り掛けることによって、落ち着いて静かにいられるようになるわけです。ちょっとした言葉がけの違いで、子どもの行動はガラッと変わります。

否定語で、苦手意識を植え付けることにもなることが

他にも例えば、**「〇〇すると××になっちゃうよ」という言葉がけも同じく、子どもが正しい行動をとりにくくなってしまいます。**「遅れちゃうよ」「怒られちゃうよ」「嫌われちゃうよ」などのような否定的な言葉がけも要注意。

「一緒にお片付けすれば間に合うね」などのように、肯定的な言葉がけに変えてみましょう。

さらにもうひとつ。**子どもが何かにチャレンジしている時にもネガティブな言葉がけをしないことも大切**です。例えば輪投げをしていて外した時、親が何も言わなければ気にも留めないのに、外れるたびにわざわざ「外れちゃったね」というような言葉を浴びせていると、どんどん「外れた」に気持ちが囚われます。こうなると、**無駄に苦手意識を持たせてしまうことになりかねません。**

一方で、うまくいかなかった時に「おしい！」「あと少し！」というようなポジティブな言葉に変えてあげるだけで、子どもは「うまくなっている」という風に意識することができます。

同じ状況でも、親の言葉がけによって子どもは自分の状態をポジティブにもネガティブにも変えられます。小さな積み重ねでも、1年積もれば全然違いますよ。

12 うぬぼれていても、放っておく

――自己肯定感を高めても、勘違い人間にはならない

幼児期に否定されるほうが、自信過剰な大人に育ってしまう

自分は何だってできるんだ！と思っている子どもはとてもかわいいものですが、もしかしたら「このままではとんだ勘違い人間にならないか？」と、ちょっと不安になることがあるかもしれません。

でも、大丈夫です。フロリダ・アトランティック大学で発達心理学を教えるビョークランド・デイヴィッド教授は「低いメタ認知能力（自分のことを自分で理解する力）で、自分の能

力を実際より高く判断するからこそ、幼児はさまざまな活動に挑戦することができ、結果が不完全でもそれを失敗ととらえないで済む」と言っています[1]。幼児期に見られる、いわばうぬぼれの強い状態は、いたって正常です。

フロリダ州立大学のロイ・バウマイスター教授も、子どもの自己肯定感を高めたからといって、いわゆるナルシシストにはならないと言っています[2]。小学校に入学したあと、自分の力がいかほどのものかが分かるようになるまでに自分への自信をちゃんと育てていれば、「悪いところもあるけど、いいところもいっぱいある自分が好き！」と思えるようになるわけです。

でも中には、**大人になっても自分の力を過大評価して特別扱いされたがる困った人**もいますよね。周りは正直、ちょっと迷惑かも……。

スイスの心理学者であり精神分析家であるアリス・ミラーは、**ナルシシズム的傾向の高い人**は「ありのままの自分自身を愛せないがゆえに、無意識に自分を誇大化することで他者からの愛情を得ようとしているのであって、**幼児期にありのままを受け入れてもらえなかったことが原因だ**」と言っています[3]。

子どもの成長は、みんなデコボコです。何でも「自分が！」という状態を経る子もいれば、ちっとも前に出ていけない状態を経る子もいて、**ほっとけば結局、ちょうどいいところに落ち**

着いていきます。今、この瞬間、ちょうどいい状態ではなくても、問題なしです。たいていのことは「できてもオッケー、できなくてもオッケー」、きまりを守ったり守れなかったりすることは「今はそれでオッケー」。3ヶ月後にできるようになるにはどんな声掛けがいいかなと、考えてみてはどうでしょう。**幼児期こそ、無敵の自己肯定感を子どもにプレゼントするチャンスですよ。**

13 お手伝いが遊びになっても気にしない

——本当に助かるかどうかは二の次。他人を助ける喜びを感じさせるのが一番大事

人間の脳には、他人を助けたい願望が植え付けられている

人は他人を助けることに幸せを感じるようにできています。

このことを示す有名な実験があります。実験の参加者たちそれぞれに異なった金額が入った

封筒を渡しました。そして半分の人には「5時までに、**自分のために**使って」とお願いし、残りの半分の人には「5時までに、**他人のために**使って」とお願いしました。そして5時に戻ってきた人たちに、今日1日の幸せ度を尋ねた結果、金額にかかわらず、他人のためにお金を使った人の幸せ度が高いことが分かりました(1)。人は他人を助けると嬉しくなるんです。

一方で、**このような心は環境によって簡単に失われることも事実**です。

東アフリカのウガンダに住む「イク族」は小さな狩猟民族でしたが、政府から狩猟を禁止されて食料の確保が難しくなり、大人たちでさえ食べ物を他人に分けてあげて「ありがとう」を言い合うような環境ではなくなってしまいました。その結果、ほんの4、5年の間に、幼い子どもでも平気で老人や病人などから食べ物を奪うような民族に変わってしまったんです(2)。もはや困っている人に「どうぞ」する子どもなんか一人もいません。

他人を助けることに喜びを感じる心を育むには、環境がとても大事だということです。

毎回ちゃんと手伝ってくれるなんて思ってはいけない

大人だって、例えば子どもの行事のお手伝いに、最初はめんどくさいと思いながら参加したとしても、「おかげで大成功。ありがとう！」なんて言われると幸せな気持ちになりますよね。

でも感謝もされず、ましてや**ごちゃごちゃと文句など言われようものなら、お手伝いなんか二度としたくなくなるもの**です。

子どもは1歳くらいになると、簡単なことであればお願いを聞いてくれるようになります。自分のオムツを持ってきてくれたり、機嫌がいい時は率先してお片付けをしてくれたりもします。

3歳にもなれば、食べ物が入ったお皿もこぼさず運べるようになりますし、配膳もなかなか上手にできてしまいます。

でも毎回、必ずしも助けてくれるわけではありません。得意満面に「食器、洗ってあげる！」と言い出すからお願いしてみたが最後。2、3枚洗ったところで終わりの見えないただの水遊びになってしまうこともあります。

幼児期のお手伝いの第一の目的は、自分の役割をやり遂げることではありません。人を助ける喜びを感じる心を育てることです。親が本当に助かったかどうかなんて、二の次です。**年齢に応じたお手伝いをお願いし、笑顔で「ありがとう！」と言ってあげることで、「自分はママ、パパを助けている」という気持ちにさせてあげましょう。この心を丁寧に育んであげれば、本当に助かるクオリティのお手伝いをしてくれるようになるのはあっという間**です。

今はかえって手がかかり、むしろ邪魔になったりすることもあるでしょう。それでも、他人のために役に立ったらなんだか嬉しいという経験をさせることが大切です。お手伝いの最後には、笑顔で「ありがとう」と言ってあげましょう。

大人の気持ちとは裏腹に、子どもは大仕事を果たした気になっているものです。「今日はお手伝いをした！」と、嬉しそうに話してくれれば、もう大成功ですよ。

14 お手伝いしてもご褒美《ほうび》をあげない

――ご褒美をもらうと、次からお手伝いをしなくなってしまう

お手伝いそのものが、ご褒美なのである

子どもがすすんでお手伝いをしてくれれば、嬉しいものですね。そんな姿を見たいがために、

ご褒美で釣ってみたくなるかもしれません。

ありがたいことに、認知心理学者マイケル・トマセロ博士が、小さい子どものお手伝いへのご褒美にどんな効果があるかについて実験しています。

トマセロ博士は、1歳8ヶ月の子どもたちを3つのグループA、B、Cに分けて、グループAの子どもには、人助けするたびに小さなおもちゃをあげました。グループBの子どもには、人助けをした時に「ありがとう、○○ちゃん」と言いました。グループCの子どもには、例えば落としたペンに手が届かなくて困っている時にペンを拾ってくれたとしても、黙って受け取るといった具合に、何のリアクションもしませんでした。

そして、ここからが実験です。今度は3つの全てのグループで、人助けをしてくれても何もリアクションをしませんでした。すると、「ありがとう」を言ってもらえていたグループBと、最初からリアクションをしてもらえなかったグループCの子どもたちは、引き続き助けてくれましたが、**小さなおもちゃをご褒美にもらっていたグループAの子どもたちだけが、明らかに人助けをしなくなってしまった**のです[1]。

人は本来、他人を助けると幸せを感じます。つまり、お手伝い自体がご褒美なんです。このようなご褒美を「内的報酬」といいます。

でも、内的報酬は案外もろくて、ご褒美のおもちゃのように、その行為とは関係ない報酬（「外的報酬」といいます）をもらうと、幸せの理由が外的報酬にすり替えられてしまいます。そうすると、ご褒美がなくなると幸せを感じられなくなってしまい、もはや他人を助けなくなってしまったわけです。

喜んでやっていることにご褒美をあげると、喜びを感じられなくなる現象はアンダーマイニング効果と呼ばれています。お手伝いにご褒美をあげることは、厳禁ですよ。

Section2 優しくて思考力の高い子に育てるために

15 「優しい子になって」と言わない
——まずは親が率先して、困った人を助ける

実際に優しい子に育った割合、たったの2割……

平成16年度・17年度に行われた「家庭教育に関する国際比較調査報告書」によると、15歳になった時の子どもに、日本では7割、アメリカやスウェーデンでは8割の親が「困っている人を助ける人になってほしい」と期待しています（1）。

一方で、平成20年の文部科学省の調査では、実際に15歳になった子ども（中学3年生）に「人が困っている時は率先して助けていますか？」と質問したところ「当てはまる」と答えた

のは2割にも届きませんでした(2)。多くの親が優しい子どもに育ってほしいと願っていますが、なかなか思うようにはいかないものですね。

クレヨンがなくて困っているお友だちに、自分のクレヨンを率先して貸す子どももいれば、先生から「誰か貸してあげて」と言われて初めて貸す子どももいれば、頑《がん》として貸さない子どももいます。この違いは何でしょう。どうすれば優しい子どもに育つのでしょうか。

ミラーニューロンという言葉をご存知でしょうか。人間の脳内にはおよそ1000億個のニューロンがあり、そのニューロンを通じて情報が伝えられています。イタリア・パルマ大学のジャコモ・リゾラッティ教授たちは、ものを掴む人間を見たサルの脳内で、自分がものをつかむ時に反応するニューロンが、まるで自分の動きを鏡に映しているかのように反応することを発見しました(3)。このような活動をするニューロンを、ミラーニューロンと呼びます。

そして間もなく、サルだけでなく人間にも、ミラーニューロンがあることが判明したのです(4)。

子どもは、最も親密な存在である親の真似をする

人間の子どもが急速に成長するのは、このミラーニューロンの働きだといわれています。つ

まり、子どもが大人の動きを見た時、あたかも自分が動いた時のように脳が動きます。これによって**自然に大人の真似をするようになる**んです。

子どもが親のすることを何でもやりたがったり、気づけば仕草まで親に似てきたりするのは、このような脳の仕組みが原因のようです。生後40分の赤ちゃんも、大人が舌を出せば舌を出し、口を開ければ口を開けることが分かっています(5)。「学ぶ＝真似ぶ」なんて言いますが、真似して学ぶように脳はできているんです。ちなみに、あくびがうつるのもミラーニューロンの働きです。

さらに、**親密な相手ほど、人はより多く真似をすることが分かっています**(6)。あくびも**家族、友人、知人の順**に、よりうつりやすくなるようです(7)。

そして、ミラーニューロンはパントマイムのように、目的がない動作には反応しません。また、例えばコーヒーが入ったカップを持ち上げる時と、散らかったテーブルの上にある（いかにもお茶会が終わったあとの状態の）空のカップを持ち上げる時とでは、反応するニューロンも反応の強さも違います(8)。どうやらミラーニューロンは、目的や意図をちゃんと汲み取って反応しているようです。本当に、脳の仕組みってすごいですね。

つまり、**最も親密な存在である親が、困っている人を助けようと行動している姿を日頃から**

見ていると、子どもは自然と、困っている人を助けたくなるというわけです。優しい人に育ってほしいなら、いろいろ言葉で教えるよりも、まずは親が優しくなるのが、遠回りなようで、実は一番の近道ですね。

16 指差しに楽しんで付き合う

――子どもの他人に共感する力が養われていく

0歳児でも、他人の感情に共感できる

他人に優しい子どもの心について研究しているニューヨーク大学の心理学者マーチン・ホフマン教授は、他人に優しくするには共感する力が重要だと言っています。

例えば、状況と表情がちぐはぐなお話（プレゼントをもらって悲しい顔をしているなど）を聞いて、「プレゼントがほしかったものと違うんだな」などと理解して共感できる子どもほど、

優しい行動をすることが分かっています[1]。

逆に、思わず足がすくむような残忍な事件の犯罪者は、他人の痛みに共感することができないとも言えます。

共感には2種類あります。ひとつは、他人の視点に立って、他人の立場で気持ちを理解するもの（社会的視点取得能力）です。これはおよそ7歳頃から発達するといわれています。

もうひとつは、他人の状態をまるで自分が経験したように感じるものです。ドラマで告白のシーンを見た時に、自分が告白するわけでもないのに思わずドキドキしたり、心臓がギューッとなったりする、あれです。

先ほど「15『優しい子になって』と言わない」で、他人の行動を見た時、まるで自分が行動した時のように動く脳の部位「ミラーニューロン」について説明しました。ミラーニューロンは行動に反応するものですが、例えば「痛い」などといった感情と一緒になった動作（ドアに手を挟むところなど）を見ると、動作と感情をつなぐ脳の部位が反応します[2]。

このように、**他人の感情に反応するのはミラーリングと呼ばれています。ミラーリングが幼児期の共感の原動力です。**0歳の子どもでも、例えば泣いている赤ちゃんを見るとつられて泣き出したりします。笑いかけると最高の笑顔を返してくれます。この共感がもとになって、人に優しくする心が育っていきます。

親も子も指差しをたくさんし合おう

ただし、ちょっとややこしい話ですが、0歳や1際の頃はまだ、「自分」という存在にはっきりとは気づいていません。「他人」というのも、実ははっきりとは分かっていません。「自分」と「他人」がよく分かりませんから、困っているお友だちに何かを分けてあげたりはしません。「ほら、『どうぞ』しなさい」なんて無理やりやらせても意味がないわけです。

でも、**この頃から始まる共感行動があります。それが「指差し」**です。「あれ、見て！」という子どもの指差しは、楽しさを共感したいという気持ちが溢れ出たものです。

さらに指差しは優しさの芽生えでもあります。認知心理学者マイケル・トマセロ博士たちの実験でも、ペンやメガネを落としてキョロキョロしている大人を見た生後12ヶ月の子どものうち88％が、落としている場所を指差しして教えてくれたそうです(3)。

ちなみに、**指差しには「あれ、見て！」という共感タイプと、「あれ、取って！」というお願いタイプの2種類があります。最初はお願いタイプの指差しから始まって、そのうち共感タイプの指差しが見られるようになります。**

1歳になる頃に始まる指差しにトコトン付き合ってあげることで、子どもが共感する楽しさをたくさん経験すると、共感する脳のニューロンがどんどん活発になります。そうすると、お友だちの気持ちを上手に理解することができるようになり、優しい子どもに育つわけです。

子どもの指差しには、「なになに!? わ、すごい!」と、たっぷり共感してあげましょう。

もちろん、ママやパパから子どもに「あれ見て!」と、子どもが喜びそうなものを指差しして共感をうながしてあげるのもいいですね。

17 3歳までの人助けは下手でいい

——まずは人助けしようとしている子どもに、親が共感する

自分と他人の区別がつかないと、他人に優しくなれない

大人にはピンときませんが、0歳から1歳前半の子どもは、自分と他人がそれぞれ一人ひと

り別だということがちゃんと分かっていません。でも、自分と他人が別人だと気がついていないと、お友だちにものを分けてあげたり慰《なぐさ》めてあげたりできないですよね。**そのためにはまず「自分」に気づくこと**です。さて、子どもはいつから「自分」に気がつくのでしょうか。

大きな鏡のある部屋にいる子どもの鼻を、お母さんがわざと口紅がついた布で拭いて、こっそり鼻の頭に赤い口紅を付けると、1歳半で26%、2歳で68%の子どもが、鏡に映った鼻の赤い子どもを見て自分の鼻を拭き始めるそうです[1]。これが「自分」に気づいた合図です。同じように、食事中に口の周りがベタベタになっている子どもに鏡を見せてあげると、どんな反応をするでしょうか。まだ「自分」に気がつかない時は、鏡の中の誰かと遊ぼうとして鏡を触ったり、なんだかうまくいかないなと鏡の裏側を見たりします。

ちなみに鏡の中の自分に気づく動物は、チンパンジーなど賢い類人猿と、ヒーリングでお馴染みのイルカやクジラ[2]、子煩悩で知られるゾウ[3]くらいです。麻酔で眠らせて体に塗料をつけたあとに鏡を見せると、自分の体に付いた塗料を気にする仕草をします（ゾウの実験に使った鏡は巨大！）。自分に気づくことが、他人に優しくなるために大切な能力なんですね。

そして、鏡に映っているのが自分だと気がつく頃から、他人のために何かしてあげたいという気持ちが出てきます。

でも上手に人助けをするには、**まださらにもうひとつ、必要なもの**があります。それは**「自分と他人の気持ちが違う」ことに気がつくこと**です。この頃の子どもは、自分が嬉しいことは他人も嬉しいと思っています。お風呂上りに逃げ回って大はしゃぎしている子どもは、それを追いかけているママも喜んでいると思っています。まさか困らせているだなんて、微塵《みじん》も思っていません。

他の例としては、悲しんでいるママに、自分のお気に入りのミニカーを持ってきてくれたりします。風邪で辛いパパを何とか元気づけるために絵本を読んであげるといってお気に入りの一冊をもってきてくれた挙句、パパに読ませたりもします。もちろん、その気持ちだけで、ずいぶん元気にはなるんですけどね。

子どもが我慢できるために必要なこと

3歳までの子どもは、誰かのために何かをしてあげたいという気持ちが芽生えただけで万々歳です。**たとえ実際はちっとも助けになっていなくても、「本当に、優しいね。ありがとう」と言ってあげれば、子どもは「自分は優しいんだ」と思うようになって、もっともっと誰かに優しくしてあげたくなるもの**です。

風邪で辛い時に絵本を読ませられるのはさすがに勘弁してほしいですが、そんな時は「ありがとうね。もう十分だよ」といって何とかごまかしましょう。「かえって辛いよ」だなんて、正直すぎることを言っても、いいことはないですよ。

また、**この頃は人に優しくするために自分が我慢しなければいけないような場合は、なかなか優しくできないもの**です。お友だちに大好きなお菓子を分けてあげるとか、自分が遊びたいおもちゃを我慢してお友だちに譲るなどということは上手にできなくたって当たり前。

なぜなら、いくらおもちゃで遊びたいお友だちの気持ちに少し共感できるようになったとはいっても、やっぱりおもちゃで遊びたい自分の気持ちのほうがずっと大事だからです。

こんな時には、**まずはそのおもちゃで遊びたい子どもの気持ちに共感してあげましょう。**優しい心を育てるには、一にも二にも、共感、共感、です。カウンセリングの神様と呼ばれているアメリカの臨床心理学者カール・ロジャーズも、相手の感情が正しいかどうかを判断せずにまずは「自分もあたかも相手になったかのように共感しましょう」と説いています。

おもちゃを手放さないといけないかもしれない緊急事態の子どもに、お友だちの気持ちを説明して共感を得ようとしてもうまくいくはずがありません。ましてや無理に奪おうものなら、共感どころの話ではなくなってしまいます。

人は、共感してくれる人の気持ちには寄り添おうとするものです。自分がカウンセラーになったかのような気持ちで、子どもの気持ちに共感してみましょう。「そうだよね、遊びたいんだね」と。

そのうえで、お友だちの気持ちを説明してあげましょう。子どもの共感をうまく引き出すことができれば、上手に譲ることができるかもしれません。もちろんその時は「本当に、優しいね。嬉しいな」の一言を忘れずに。

18 友だちをえこひいきしても気にしない
――優しくされたり意地悪したりしながら、子どもは勝手に成長していく

人によって態度を変えていくのも、立派な成長の証

子どもは指差しをする頃から人の気持ちに共感する心が芽生え始め、鏡を見て恥ずかしがる

頃から人に優しくしたいと思うようになります。でもこの頃はまだ、「自分と他人の気持ちが違う」ことが理解できていませんでした。

でも2、3歳頃になると、好きなものややりたいこと、やってほしいことが人それぞれで違うことに気がつきます。風邪で辛いママやパパに、自分が好きな絵本ではなく、体温計や場合によっては栄養ドリンクを持ってきてくれるようになります。

そして**この頃から、今まで誰でも分け隔てなく優しくしていた子どもが、自分の身近な人、仲の良い友だち、自分に優しくしてくれた人に対して優しくするというように、人を選ぶようになったりします**(1)。

また、他人の目をやたらと気にするようになったり、悪いことをしたのを誤魔化《ごまか》したりするようになるかもしれません。

例えば、イェール大学のジャン・エンゲルマン准教授たちが5歳の子どもたちに行った実験では、自分がもらったシールが1枚足りず、しかも目の前には「次の子の分だよ」と言われてたくさんのシールがあるのを目にした時、誰にも見られていない時には、誰かに見られている時の6倍の子どもが、コッソリ次の子のシールを抜き取ったそうです(2)。逆に、仲の良いお友だちが見ている時には、寛大な行動も増えるようです(3)。

親としては、相手によって態度を変えたり、人の目を気にしたりする子どもの様子に、少しドギマギするかもしれません。でも、**これは立派な成長**なんです。

親が最もすべきことは、子どもに優しく接すること

実は人間がなぜ人に優しくするのかははっきりと答えは出ておらず、今でも議論が続いています。多くの動物では、協力し合うのはせいぜい家族の間だけです。でも人間は、血のつながりがない他人に自分の食べ物を分けてあげたりすることもあります。

どうやらこれは、人間が大きな社会で生きていることが理由のようです。つまり、「情けは人の為ならず」という言葉にもあるように、人に優しくすることによって、めぐりめぐってたくさんの人から優しくしてもらうことができ、結果的に大きな夢を叶えられるからです。こうやって人間社会は発展してきました。

その中では当然、**自分を裏切るかもしれない人に優しくすることは得策ではありません。なぜなら、その人は多分、自分のことは助けてくれないから**です。大人の社会でもやっぱり、優しい人にはみんな協力的ですし、普段、人に協力しない人のことは、何となく敬遠しがちですよね。人間は、そういう風にできているんです。

ですから、**子どもが意地悪なお友だちになんだか冷たくしたり、好きなお友だちからよく思

われたがったりするのは、自然なことなんです。

ただ、そんな時に大人が「あの子、嫌な子だもんね」だなんて言葉にしてしまうのはよくありません。「意地悪だからって、あんなに冷たくしたらかわいそうじゃない？」くらいの声掛けにしておいて、あとはほっておきましょう。

一方で、**自分が意地悪するとお友だちから冷たくされるという経験もまた、子どもの心の成長には大切なこと**でもあります。**大人がとやかく言わなければ、子どもは勝手に成長していきます**から、優しく慰めてあげるにとどめておきましょう。

そしてもうひとつ。優しい人がみんなから優しくされるということはつまり、普段から優しくされている子どもはみんなに優しくなるということでもあります。ですから、**親が子どもにとても優しく接していれば、どう転んでも、子どもは優しく育つ**んです。人間はそういう風にできています。

だからこそ、まずは親が子どもに優しくしましょうね。

19 子どもをたくさん抱きしめるだけでもいい
――人を寛容にする作用のあるオキシトシンが分泌される

オキシトシンを吸った人は実際に優しくなった

親子が触れ合っている時、子どもの脳内にはオキシトシンという物質がたくさん溢れ出ることが分かってきています(1)。この**オキシトシンは「幸せホルモン」とも呼ばれ、人を寛大にする作用がある**んです。

例えば、与えられた10ドルを仲間と自分でどのように分配するかというゲーム(「最後通牒ゲーム」といいます)で、オキシトシンを鼻から注入された参加者は80%も寛大な判断をするなど(2)、人に優しくなるんです。

つまり、**子どもとたくさん遊んだり、子どもをたくさん抱きしめたりすることで、子どもはどんどん優しくなります。**子どもをいっぱいの幸せホルモンで満たしてあげることで、周りのみんなを幸せにする子どもに育ててあげましょう。

20 仲のいい友だちとばかり遊んでも気にしない

――仲のいい友だちとたくさん遊ぶうちに、共感する脳の回路が強化されていく

〈受容感〉〈自己有能感〉〈自己決定感〉の3つが大事

本来、子どもは成長とともに、人に優しくなるようにプログラムされています。でも実際は、全ての大人が優しいわけではありません。それは別項でも申し上げた通り、育つ環境に左右されるからです。

では、人に優しく育つために、どんなことをすればよいのでしょうか。

人は本来、誰かに優しくすると嬉しい気持ちになるものです。これを**内的報酬**といいます（一方で、何かの代償にあげるおもちゃなどのご褒美を「外的報酬」といいます）。

ロチェスター大学のエドワード・デシ教授は、**内的報酬の効果を高めるには、自分は認めてもらえるという〈受容感〉、自分にはできると感じる〈自己有能感〉、自分で決めるという〈自

己決定感〉の3つが大切だと言っています。これらが実感できる時に、人に優しくすることがもっと嬉しくなり、もっと優しくしようと思えるようになるわけです。では、ひとつずつ説明しましょう。

〈受容感〉↓仲の良いお友だちと一緒に行動しよう

先ほど「16指差しに楽しんで付き合う」でお伝えした通り、他人に優しくするには共感する力が重要であり、子どもは身近な人や仲の良いお友だちほど、共感しやすいことが分かっています(1)。つまり、**仲の良いお友だちとたくさん遊ぶうちに、共感する脳の回路がどんどん強化されていく**んです。

「仲が良い」というのは「ケンカをしない」という意味ではありません。ケンカばかりしていようが、泣いてばかりいようが、**子どもが「あの子はお友達」と思える子どもが一人でもいるだけで十分**です。

さらに、アリゾナ州立大学の心理学者であり、子どもの道徳性研究の第一人者であるナンシー・アイゼンバーグ教授は、たとえ相手の気持ちに共感したとしても、**何をすれば相手が喜ぶかが分からなければ、相手に優しくすることはできない**といっています。

何をするかの例としては、レストランでお友だちが飲んでいたドリンクバーのジュースがこぼれてしまった時、お友だちに慰めの言葉をかけてあげたり、サッとおしぼりで拭いてあげたり、新しいジュースをドリンクバーから持ってきてあげたりするという行動です。ただこれらは、何度もお友だちを助けたり助けられたりする経験があってはじめてできること。こうして子どもたちは、**お互いを認め合っていく**わけです。

仲の良いお友だちと遊ぶ中で、自分は認めてもらえるという〈受容感〉が増えていくといいですね。

21 叱るよりもまずは、困った相手の様子を伝える

——子どもが反省して心から謝れるようになる

〈自己有能感〉↓優しい行動ではなく、優しい心を褒めよう

社会学者サミュエル・オリナーとパール・オリナーは、第二次世界大戦中にユダヤ人虐殺が行われている時に、ユダヤ人に救いの手を差し伸べることができた人とそうできなかった人が育った環境について調べました。

その結果、ユダヤ人を助けた人たちは、例えばよいことをした時に「助けてあげて、えらかったね」という風に、**〈優しい行動〉を褒められるのではなく、「助けたいと思うなんて、本当に優しいいね」という風に、〈優しい心〉を褒められて育ったことが分かりました**(1)。このような言葉がけによって「自分は優しい人だ」という自己評価を持つようになり、優しい行動をするようになるというわけです。そして、このような成功体験を繰り返すうちに、自分には〈そのような行動が〉できると感じる〈自己有能感〉も発達していくのです。

ちなみに、ユダヤ人を助けた人たちは、**共感する力も高かった**そうです。

また、子どもが優しくないことをした場合の言葉がけも大事です。子どもと親の言葉がけについて9ヶ月間に渡って調べた結果、優しくない行動をした時に「あなたが泣かせちゃったんだよ……。噛みついちゃだめだよ……」という風に、**相手の状態を悲しく表現して共感をうながすほうが、「噛みついちゃだめ!」と叱る口調で言うよりも、子どもは反省して自分から「ごめんなさい」と言える**ようです(2)。

一に共感、二に共感、子どもの共感する力を引き出しましょう。

22 強制ではなく、選ばせるほうがいい

——親がしてほしい行動を、子どもは喜んでしてくれるようになる

〈自己決定感〉↓「〜しなさい」ではなく「〜したらどうかな？」と声をかける

オレゴン大学の経済学者ウィリアム・ハーバウ教授は、経済ゲーム中に参加者が「あなたの口座から15ドル募金されます」と強制的に募金させられる時と、「あなたの口座から15ドル募金しますか？」と募金するかを自分で選べる時とで、脳が感じる「ご褒美」感覚を測定しました。

どちらの場合でも募金そのものに少しは喜びを感じるのですが、当然、**自分で選べる時のほうが「ご褒美」感覚が強かったそうです**(1)。

つまり、例えば**「分けてあげなさい」と言われて分けるよりも、「分けてあげたらどうかな」と言われて、自分で選んで分ける方が、子どもは嬉しいということ**です。

子どもは自分の欲求を抑えることがまだ上手にできないため、「分けてあげない！」と言ったりすることもあり、それが原因でトラブルが起こることは当たり前です。でも、それを無理

やり分けさせても、取られた！という思いが強くなるだけで、次の優しい行動にはつながりません。そんな時こそ、「分けてあげたらどうかな」と言うといいです。

さらに、「あら、お友だち、悲しいお顔になったね」と、**お友だちの表情に目を向けさせてあげて、共感を促してあげましょう。何十回も経験しているうちに、自発的に分けてあげられるようになりますよ。**

ちなみに、もし粘土などのように分けてあげる量が決められる時は「いっぱい分けてあげるのと、半分だけ分けてあげるのと、どっちがいいかな」などと、**分けるか分けないかを選ぶのではなく、分けてあげる量を選ばせてあげる声掛けをするのも効果的**ですよ。

23 「どっちでも一緒でしょ!」とは言わない

——「どっちも同じじゃない!」というこだわりを経て、幼児は抽象的思考力を身につけていく

こだわるのは、意固地や几帳面に由来しない

子どもはいろんなことにとてもこだわりますよね。公園に行くのに「こっちのみちじゃなきゃ、やだ!」と言ったり、朝食の時には「パパがここにすわるの!」と言ったり。子どもの入場券のボタンを押した直後に「自分でやる!」と言い出すから、「じゃ、ママの分をお願いね」と言っても「自分の!」と言って泣き出す始末。

「どっちでも一緒でしょ!」と言っても、納得してくれません。こんな時、「なんでうちの子はこんなに勝手なのかしら?」とか「こんな几帳面な性格は、誰に似たのかしら?」とか、不安に感じるかもしれません。

でも、**これは子どもが勝手だからでも、几帳面な性格だからでもありません。**

「どっちでも一緒」という考え方は、抽象的思考力のたまものです。抽象とは、具体の逆です。

具体が一つひとつの違いを大事にするのに対し、抽象はものごとの要となる大切な部分だけを抜き出して、他の部分は捨ててしまうことです。子どもの入場券でも、ママの入場券でも、大事な（ことだと思われる）「ボタンを押す」という行為は一緒でしょ、というわけです。

そしてこの**抽象的思考力は、これから知性・社会性・忍耐力など、あらゆる人間らしさを育てていく土台になります。**

その昔、地球上にはネアンデルタール人とホモ・サピエンスがいましたが、約3万年前にネアンデルタール人は絶滅し、一方のホモ・サピエンスは大発展を遂げました。その理由は、ホモ・サピエンスだけが抽象的思考力を身につけたからだといわれています。抽象的思考力が育たなかったネアンデルタール人は、賢いホモ・サピエンスには適《かな》わなかったというわけです。

そして、ホモ・サピエンスである人間も、2歳まではネアンデルタール人のように、目の前のことについてしか考えることができません。そして**3歳から小学校入学までに、どんどん抽象的思考力を身につけていきます。幼児期は抽象的思考力を育てるとても大事な時期**なんです。

子どものこだわりは否定せず、付き合ってあげよう

大人でも例えば、何やら難解な家電の使い方を説明してもらい、やっと理解したのに、もう一度聞いた時に違う説明をされると「さっきと同じ説明でお願い！」と思いますよね。「どっ

ちでも一緒だから」と言われても、まだ使いこなせていないので、別の言い方をされると訳が分からなくなってしまいます。ちゃんと理解したいのに！

これと同じで、子どもがせっかく世の中の仕組みを理解しようとしているのに、別の状態になっているとちゃんと分からず、不安になってしまうんです。それなのに**「どっちでも一緒！」と言ってしまうと、分かろうとすることをやめてしまいます。**

「いつもと同じ」にこだわることで、3歳以降の「ちゃんと分かる」につながっていきます。そしてこのようなこだわりは、抽象的思考力の発達とともに、幼児期後半で消えていくことが知られています。

子どもの「いつもと同じ！」にまずはしっかりと付き合ってあげましょう。「どっちでも一緒！」は、禁句にしましょうね。

そして、一緒に仲間分けや仲間外れを楽しみましょう。スーパーで「種がある食べ物探し」をしたり、家族の中で「仲間外れ探し」（ママだけ夏生まれ、パパだけヒゲがある、など）をしたりするのも楽しいです。この遊びも、抽象的思考力を育ててくれますから。

ちなみに、このような仲間外れ遊びから、お友だちを仲間外れにして一緒に遊ばなくなるようなことはないので、ご安心を。

24 たくさん見つめ合い、たくさん一緒に遊ぶだけでもいい

——子どもと同じ目線で遊ぶことで、子どもの抽象的思考力は鍛えられていく

細かいことへのこだわりが、考える力を鍛えてくれる

1歳くらいの子どもは、指先も少しずつ器用に使えるようになり、細かい部分も触れるようになってきます。そうして、手で触っている感触と、目で見た情報を比較するうちに、だんだん、ものの細かい部分に注意が向くようになります。今まで漠然と見ていたものを、ちゃんと見ることができるようになっていくのです。

その結果、大人にとってはどうでもよいと思えるようなことがすごく気になります。あの天才棋士の藤井聡太さんも受けたというモンテッソーリ教育の開発者マリア・モンテッソーリは、これを「細部への敏感期」と名付けました(1)。心理学の分野ではこれを「持続性注意力」と呼びます。

これは注意力の中でも一番シンプルな力で、カンザス大学のジョン・コロンボ教授などの多

くの研究によっても、1歳頃からどんどん発達することが分かっています(2)。

さらに、**1歳頃にどうでもいいような細かいことに夢中になるほど、3歳半での集中力も高い**という報告もあります(3)。

2歳以降になると、今度はそうやって注意を向けたものの中から、一番大事なものを選び出す力(「選択的注意力」といいます)が育っていきます。今は情報がたくさん溢れている時代ですから、大事な情報を自分で選ぶ力はとても大事ですよね。

例えば今、その場で周りをグルッと見回して、赤いものを探してみてください。視野の中で赤いものだけがパパパパッと浮かび上がって見えますね。これも、たくさんの情報の中から重要なものだけを選び出す力のひとつです。他の情報は全て捨てているわけです。

また、外出先で、子ども同士の会話がかわいいと思ってスマホで録音したのに、いざ再生すると、周りの騒音がうるさくて子どもの会話が聞き取れないという経験があるかもしれません。これはカクテルパーティ効果と呼ばれています。耳も重要なものだけを選び出して、他の情報は捨てているんです。

そして、**3歳以降になると、この力が考える力でも発揮されて、ものごとの大事な部分だけを抜き出して、シンプルに考える力(=抽象的思考力)が育っていく**わけです。

子どもと同じ目線でめいっぱい楽しんで遊ぼう

つまり、**幼児期の注意力をちゃんと高めてあげれば、あとは勝手に賢く育っていきます。**そのために、何をしたらいいのでしょうか。

ひとつには、たくさん見つめ合うことです。子どもが最初にジーッと見るようになるのは、間違いなくお母さん、そしてお父さんです。生まれた頃からたくさん見つめ合うことで、子どもの注意力が促進されるんです(4)。

ちなみに、生まれたばかりの赤ちゃんも、顔から30㎝くらいの距離だけ焦点が合って〝はっきり〟見えるということがまことしやかに言われていますが、少し誤解があります。目は光を感じますが、脳では光は伝わらないので、これを電気信号に変換して脳に伝えます。そしてその電気信号が脳の視覚野まで届くと「見えた！」と理解できます。赤ちゃんはこのややこしい処理がまだ上手ではないので、全てのモノがぼんやりしか見えないんです。ですから、どの距離でも、焦点は合いません。ただ、ぼんやりしか見えないので、顔を近づけてあげないと分かりません。でも、30㎝より近いと視野に入りきらないので、結局、30㎝くらいがちょうどいいというわけです。

また、インディアナ大学のチェン・ユー教授たちは、1歳の子どもと親が一緒に遊ぶ時の遊び方と、子どもの注意力の関係について実験をしています。

その結果、子どもがおもちゃに注意を向けてから親が一緒に遊び始めるまでの時間は、子どもが長く注意し続けるかには関係ありませんが、一緒に遊び始めてからは、長く一緒に遊んであげることによって、子どもの注意時間が長くなることが分かりました(5)。

ですから、子どもが遊び始めたら一目散に！という必要はありませんが、**遊んであげる時は是非、気長にのんびりたっぷり一緒に遊んであげてください**ね。

子どもが気になるものって、大人が普段は気にもとめないようなものですが、「なんでこんなところにこんなものが？」など、よく見るとおもしろい発見があるものです。また、子どもの目線ではどんな風に世界が見えているのかを経験してみるのも楽しいものです。

親が無理に何かに注意を引く必要はありませんが、**子どもが注意を向けたことに対しては、「これ、何だろうね」「おもしろい形だね」などと声をかけてあげるといい**ですね。

25 無理に部屋の片付けをさせなくてもいい
――親が率先してきれいにしていれば、やがて子どもは自分で片付けるようになる

きれいな環境を常に作っていれば、子どもにも片付けの意識が芽生える

大人も、なんだかよく分からないものに囲まれていると、気が散ってなかなかひとつのことに集中することができなくなるかもしれません。子どもは大人よりもっと、気が散りやすいですので、お部屋はきれいに片付けておくに越したことはありません。

この時、子どもにも片付ける習慣をつけようとして、親がすれば一瞬で片付くのに、何とか子どもに片付けさせようとするうちに、お互いに機嫌が悪くなること、ありませんか。

基本的に、子どものひとつの遊びが終わるのは、次の興味が湧いた時です。その時に、終わった遊びの片付けをしろと急に言われてもなかなか難しいものです。ですから、いきなり片付けを子どもにさせようとしてもなかなかうまくいきません。

割れ窓理論ってご存知ですか。割れた窓を放置してしまうと、どんどん窓が割られてひどくなっていきますし、逆にちょっと割れた窓をすぐに直せば、窓は割られなくなるというものです。

その分かりやすい例が、ニューヨークでの事例です。以前のニューヨークは、地下鉄は落書きだらけで、街は汚く、違法駐車も多く、かつ、アメリカでも指折りの重大犯罪が多発する街でした。その後、アメリカ同時多発テロ発生時に大活躍したジュリアーニ市長が、地下鉄の落書きなどの軽犯罪をしっかり取り締まったところ、殺人も、強盗も、激減したんです。

だからこそ、ディズニーランドは、夜の間に徹底的に剥がれた塗装や傷ついた設備を修理して回っていますし、昼間も清掃スタッフの方々は掃除に余念がありません。ショップでも子どもがおもちゃを触ったあとに、もし、元に戻さなくても、すぐに店員さんがやってきて、笑って並べなおしていきますよね。

おうちでも、**散らかったおもちゃを親が片付けていれば、子どももやがて片付けるようになります。**

自分から片付け始めるまでは、ちょっと損な役回りですが、親がサッサと片付けてしまいましょう。とはいえ、「お片付けしようね」の声掛けだけは忘れずに。

26 子どもの間違いを訂正しない

――間違いを経ることで、自分で少しずつ上書き修正するから大丈夫

「分ける」が「分かる」につながっていく！

3歳頃からいろいろなものを仲間分けし始めます。赤い車や黄色いビーズばかりを集めてみたり、お話の中で「この子はいい子」「この子は悪い子」と言ってみたり、「これは○○ちゃんの」と言ってみたり。

「分ける」は「分かる」ための行動です。例えば目の前に何やらモゾモゾ動いているものがあります。「これは何だろう？　動物？」「毛が生えているから、虫ではないな」「誰かのペットかな？」という風に、人は何かを理解しようとする時に、「動物」「虫」「ペット」など、自分の知っている仲間に当てはめて考えます。となると、**ちゃんと「分かる」ためには、自分の知っている知識を仲間ごとに「分けておく」必要がある**わけです。

さらに、例えばしりとりの時に「ぶ」で困っている子どもに「ほら、公園にもある……」と

ヒントを出してあげると「ブランコ！」と出てくるように、記憶を検索するのにも仲間ごとに分けておくのはとても便利です。

つまり、仲間分けをしながら、子どもの理解力と記憶力がグンとアップするわけです。赤いビーズ、黄色い車、白い石。そんな風に仲間分けの作業にいそしみ始める頃、子どもの頭の中でも、将来の「分かる」のため、「分ける」作業が始まっています。子どもはいつも、未来の準備に余念がありません。

子どもが仲間分けする力については、たくさんの研究があります。日本では、少し古いですが、奈良教育大学の心理学者である杉村健教授の研究などがあります。3歳から5歳のそれぞれ60人の子どもたちに「花って知ってる？　どんな花があるかな」などと聞いた時に、子どもたちが答えた種類を、研究者側が数えています。

その結果、くだもの、飲み物、虫、花、乗り物、野菜などでは3歳から4歳で倍に、楽器や鳥などでは3～4倍に増えていましたが、4歳と5歳に大きな差はありませんでした。**3歳頃からたくさん分類して遊ぶことで、言葉の検索がどんどん発達する**わけです。（ちなみに、お菓子についてはどの年齢でもあまり差がありませんでした。お菓子については小さいころから全力です！）(1)。

ただし、まだ分類するのも上手ではありませんから、**変な分け方をしていたりもします。でも、それが自分なりの今の理解なんです。**大人が想像もしないような意外な分け方をしていたりします。

こんな時、下手に親が手出し、口出しして訂正しようとすると、子どものせっかくの理解がこんがらがって訳が分からなくなってしまいます。そのうち、自分の理解に応じて自分で少しずつ上書き修正していきますから、絶対にほっておきましょう。子どもがどういう仲間で分けたのかを想像するという難問にこっそりチャレンジしてみるのも、楽しいかもしれませんよ。

27 「なんで？」と聞かれても、「そういうもの」と答えても構わない

――イライラしながら面倒そうに答えるより、はるかによい

脳の中での分類の作業のために、子どもは親に質問をしてくる

2歳までは、頭の中で記憶の整理が十分にされていないので、何かの出来事があったり、何かを見たりした時に、以前のことをサッと思い出すことができません。ですから、2歳までの「考える」とは、目の前のことだけを理解することが中心です。

でも、3歳頃になっておもちゃなどを分類して遊ぶ頃から、記憶も仲間ごとに分けて脳の中で整理し始め、その結果、記憶をサッと検索するのが上手になります。ですから、3歳からは、目の前のことを過去の記憶と比べて考えることが少しずつ上手にできるようになります。

ニュージーランドで最も歴史のあるオタゴ大学の心理学者であり、同大学初の女性学長に就任したハーリン・ヘイン教授たちはおもしろい実験をしています。

子どもに、「今日、海賊がこの砂場に宝箱を隠すのを見たの。その宝箱、一緒に探してくれる？」と言うと、子どもは我こそはと砂場を掘り始めました。でも、見つけた宝箱にはカギがかかっています。「ああ、カギさえあれば……」。

翌日、ちょっとしたテストをしたあと「これから砂場に行くけど、あなたはテストがとてもよくできたから、これらの中から好きなものをひとつ持っていっていいわよ」と言って、小さいボール、小さいおもちゃ、そしてカギを見せました。

すると、3歳で33％、4歳で75％の子どもがカギを選びました。カギを選んだ子どもたちは、目の前のカギを見た瞬間に昨日の出来事がサッと思い起こされて、宝箱を開けるためにこのカギを砂場に持っていこうと思ったのです(1)。

こうやって、何か出来事があった時に、瞬時に過去の記憶が呼び出されるようになります。そして、今度はまたいつかの時のために、今の出来事をどこかの仲間に分けておこうとします。するとと当然、どの仲間に入れたらいいのか分からなくなることがあります。だから大人にあれこれと聞いてくるわけです。これがいわゆる「なぜなぜ期」です。

同じ仲間のものを教えてあげるのがよい

一般に、子どもの「なぜなぜ」には丁寧に答えてあげるのがよいのは当然ですが、それでも答えに困ってしまうものもたくさんあります。これに**全部答えようと頑張ると、むしろイライラしてしまって親にも子どもにもよくありません。**

困ってしまう「なぜなぜ」は3つのパターンに分かれます。

一つ目は、大人はもはや「なぜ？」とも思わずにやっているものです。改めて聞かれても、答えられません。

例えば、暑い夏のある日。みんなが水に何かを流しながら、立って楽しそうにすくって食べているのを見ました。「ママ、あれは何？」「流しそうめんよ」。どうやらみんな、そうめんを食べているようです。でも、いつも食事の時は「座って食べなさい！」と言われるのに、今日はなんでみんな立って動き回って食べているの……!?　それはもう、子どもは根掘り葉掘り聞きたくもなりますよね。

こんな時、「なぜ、座って食べなくてもいいの？」と聞かれると答えに窮《きゅう》します。ちゃんと説明しようとしても、「流しそうめんはそういうもの」ですから、困ってしまいます。こんなことを繰り返しているうちに、「なぜ？」と聞かれるのが面倒になってしまいます。

このように、説明もできないほど当たり前にやっているような**「なぜなぜ」への答えは、もっとテキトーで大丈夫**です。流しそうめんの時は、特別なんです。特別だから、楽しいわけです。ですから「流しそうめんって、そういうものなの」と、大人が思っている通りに教えてあげるだけで十分です。

また、座って食べなくていい理由を説明しようと頑張るより、**子どもの知っている、同じ仲間のものとつなげてあげる方が、子どもも楽しくなります。「なぜなぜ」にはこのように答えることで、子どもの語彙力も高まります。**

例えば「バーベキューも外でワイワイ食べるでしょ。そうだ、今度、みんなでバーベキューしよう！」なんて話が盛り上がるのも、素敵ですね。

28 「なぜ？」に事実で答えようと頑張らない
――説明を聞いても理解できない話は、子どもにとってはむしろ有害になることも……

答えが分からない質問は、空想話に切り替える

大人を困らせてしまう子どもの「なぜなぜなぜ」には3つのパターンがあると言いました。一つ目は、大人はもはや「なぜ？」とも思わずにやっているものです。

そして、**二つ目は「知るわけない！」というもの**です。「あのくるまは、どこにいくの？」「あのひとは、なにがしたいの？」「あのはこは、なぜここにあるの？」というようなものです。

例えば、夕暮れ時に歩道橋の上から走りゆく車を見ていて、ふと「あの車はどこに走っていくのかな」なんて思ったこと、ありますよね。でも、考えたって分からないことを大人は知っているので気にも留めません。

一方で子どもは、大人は何でも知っていると思っていますから、「なぜ？」と思ったことは全部、聞いてきます。

こういうタイプの「なぜなぜ」に事実で答えようと頑張る必要はありません。どう頑張っても無理だからです。でも、だからといって「そんなの、知らないよ」では、身も蓋《ふた》もありません。

こんな時は、空想のお話で楽しみましょう。「きっと、お仕事を終えておうちに帰っているのよ」「子どもが今日、誕生日で、ケーキを買って帰ろうと思っているのかもね」「子どもは何歳くらいかな」。子どもは空想が大好きなので、きっと「4歳だと思う！」なんて答えてくれることもありますよ。

〝理由〟よりも、身近なものと結びつけてみる話をする

そして、大人を困らせてしまう子どもの「なぜなぜ」の**三つ目は、子どもには説明できないもの**です。大人さえ、調べないと分からないこともあります。例えば「せっけんは、どうしてあわだつの？」。

水に息を吹き込むと、空気の泡はすぐ消えます。一方で、石鹸《せっけん》には界面活性剤が入っています。「界面」とは水と空気の境界面。「活性」とは元気なこと。石鹸中の界面活性剤が水と空気の境界面を元気に強くするので、泡が消えにくく、泡立つわけです。

でも、こんなことを子どもに教えても、子どもは理解できません。全くの無意味です。無意味なだけでなく、有害でもあります。

例えば「流しそうめん」は、その言葉を知ることで語彙がひとつ増えます。語彙力とは、いろんな言葉の仲間が頭の中にどれだけあるかです。そうすると、新しいものに出会った時、その仲間を頭の中で見つけやすくなります。仲間がどんどんつながり合うので、知識もしっかり記憶されますし、さらに芋づる式に知識を増やすことができます。

一方で、「界面活性剤」という言葉の仲間は、子どもの頭の中にはありません。こんな独りぼっちの語彙が増えても、その知識は固定されにくく、すぐに忘れてしまいます。

また、科学は自分で考えて、「なるほど！」と思えるからおもしろいわけです。石鹸が泡立つ仕組みを聞いて「なるほど！」と感じられないうちに答えを教えてしまうことは、算数の答えを、理解もせずに全部写すようなものです。考えることなく、分かった気になってしまいます。

さらに、これからもっと考える力がついた時の、「なるほど！」という科学のおもしろさを感じるチャンスを奪ってしまいます。百害あって一利なし、とはこのことです。

「せっけんは、どうしてあわだつの？」と聞かれた時は、「手をきれいに洗えるからじゃない？」とか「シャボン玉を作ることができるからじゃない？」という風に、「石鹸が泡立つ

〝理由〟」ではなく「石鹸が泡立った〝結果〟」について話してあげましょう。**目に見えない〝理由〟より、目に見える〝結果〟のほうが、子どもにはずっと身近に感じられます。**そして「石鹸の泡」が「手を洗う」とか「シャボン玉」のような、すでに知っている記憶とつながり合うことで、子どもの理解がぐっと深まります。

また、言葉での説明はそのくらいにして、あとは石鹸でいっぱい遊びましょう。シャボン玉で遊んだり、石鹸水にストローで息を吹き込んでみたり、今日、汚してしまった服を一緒にゴシゴシ洗ったりして、石鹸の泡をいっぱい**五感で感じることが、科学が好きになるために幼児期に一番大切なこと**です。

将来、感じるであろう「なるほど！」がどんどん感動的になります。石鹸が泡立つ**理由をどう説明しようかと気をもむよりも、ずっと大事ですね**。

Section3 親がしたい振る舞い

29 親が自分をかわいがる

――子どもに注意を向けすぎてしまうのも辛いもの。頑張る親である自分にもご褒美をあげて、注意の向けすぎを抑えよう

子どもの幸せを願うほど、親の自己否定感が強化される……!?

2014年、厚生労働省委託調査として三菱UFJリサーチ&コンサルティングが実施した「子育て支援策等に関する調査」において、出産前に子どもを持つことに不安はなかったと答えた母親はおよそ半分でした。

でも、この不安ではなかった人のうちの4割が、実際に子育てをしてみると、子どもとの接し方に自信が持てないと答えています(1)。つまり、子育てする前には「自分にはできる!」と自信を持っていた人たちが、実際に子育てしてみると、自信を失っているわけです。子どもが生まれる前、あなたはどうだったでしょう。

例えば昔、はじめての発表会、大きな大会での試合、一生を左右するかもしれない大事な試験の時、どんな気持ちだったでしょうか。それなりに練習したり勉強したりしましたが、いざ本番になると、不安と緊張で手汗がビッショリだったかもしれません。どんな自信家だって、大事な場面で失敗したくないと思えば思うほど、「自分には無理かも……」とネガティブな想像が頭をよぎるものです。

つまり、**「絶対に幸せな子どもに育ててあげたい！」と願えば願うほど、親はネガティブな自己イメージを持ちやすくなってしまう**ということです。そして、「何回言ったら分かるの⁉」と言われすぎて正しい行動が分からなくなり、ネガティブな自己イメージを持つようになった子どものように、大したことないようなことが気になって「やっぱりダメだ！」と、心が折れそうになるかもしれません。こうして少しずつ親の自己否定感が強化され、いろんなことをネガティブに解釈するようになってしまいます。

子どものためではなく、世間体を気にしているだけでは？

そして、自己否定感の強い人は自分の行動に自信がなく、自分の行動が正しいのかどうかが気になるあまり、周りからの見られ方にとても敏感になりがちです。

すると心の中に「こうでなければならない」という「社会の目」に向けた価値観をたくさん抱え込むようになります。子どもに対しての「静かに座っていなければいけない」「公園の水道の水を出しっぱなしにしてはいけない」「お友だちとはケンカしてはいけない」などの思いは、**実は子どものためではなく、「社会の目」に応えるためであるかもしれません。**

でも、親がどう頑張っても、子どもの行動は社会の目に見合うものとはほど遠いものです。その結果、「もー！　何回言ったら分かってくれるの!?」と思い、**ありのままの子どもを受け入れにくくなってしまいます。**

子どもにイライラしてしまう人は、実はみんな、子どもを幸せに育ててあげたいと必死に頑張っている、とっても真面目な人なのではないでしょうか。

人は、優先順位の高いひとつかせいぜい2つのことに、ほぼ全てのエネルギーを費やすものです。子どもが生まれると、自分だけのためのこと、例えばオシャレしたり趣味を楽しんだり、気になるお店に足を運んでみたりといったことに関心がなくなってしまう人が多いものです。

これは子育てに忙しいからでも、お金が足りないからでもなく、**「自分だけのためのこと」の優先順位が下がったから**です。そうなるともう、ほとんど気持ちが向かなくなってしまうんです。真面目な人ならばなおさらです。

でも、自分の思い通りになるのは自分のことだけ。なかなか思い通りにはいかない子育てにたくさんのエネルギーを注いでいるお父さん、お母さんこそ、**たまには自分だけのことに気持ちを向けて、もっと自分のことをかわいがるのもいい**んじゃないでしょうか。

自分のためにプレゼントを買って、ちょっと素敵な箱に入れてもらって、きれいにラッピングしてもらったら、きっといつもと違うエネルギーが湧いてくるはず。もっとラクに子どもと向き合えるようになるかもしれません。

子育てに一生懸命だからこそ、たまには意識して自分のことをかわいがってあげてくださいね。

30 子育て中にイライラしてもされても、ごく普通のことなので気にしない

――イライラしやすいのは、科学的に全て説明がつく

想定外の出来事がイライラを加速する

人は起きている間、脳の中のワーキングメモリを使っていろんな出来事に対応しています。ワーキングメモリとはスマホでいうところのいわばメモリ、一つひとつの出来事は起動中のアプリのようなものです。スマホと同じく、人のワーキングメモリの容量は限られていて、それぞれの出来事に割り当てて対応しています。

そして対応できない状態になると、緊急事態です。動物にとって、緊急事態は生存の危機です。脳はすぐさま交感神経をオンにして戦闘モードに入ります。心拍数をあげて酸素をたくさん取り入れ、燃料のブドウ糖を体中に運ぶストレスホルモンを分泌し、アドレナリンなどを増やして興奮状態にして、戦いに備えるわけです。

でも、対応不能になってから慌てて戦闘モードに入るのはあまりに危険です。ですから脳は、

ワーキングメモリが残り少なくなると、アドレナリンやストレスホルモンを分泌するなどの準備を始めます。これがイライラしている状態です。つまりイライラは「ワーキングメモリが残り少ないよ」のアラームです。いつでも戦える状態にしているわけです。

例えば、忙しい夕食の準備時は、お鍋を火にかけながら野菜を切り、チャイムが鳴って宅配を受け取り、キッチンに戻って少し火を弱め、子どもが「おなかすいた」と言うので、夕飯のプチトマトを2個あげ、子どものお皿にはその分、2個少なく盛りつけたりと、たくさんアプリが起動している状態なので、ワーキングメモリの容量はいつもスレスレです。ましてやワンオペとなるとワーキングメモリが足りるはずがありません。イライラアラームが鳴りっぱなしで当たり前です。

一方で、単独でもワーキングメモリを大量消費するものがあります。それは期待と違う出来事です。例えば、気になること（期待と違う出来事）があると、本を読んでも何も頭に入らなかったり、他のことが手につかなくなったりしますね。これはワーキングメモリが浪費されているからです。

そして子育て中は、一生懸命作った食事もポイポイされたり、トイレのドアを閉めることさえできなかったり、買い物もスムーズに進まなかったりと、期待と違う出来事だらけです。旦那さんや奥さんが何もやってくれない！というのも、期待と違う出来事です。これらがワーキングメモリを激しく浪費するわけです。

育児中は、イライラの原因が大量に押し寄せてくる

ところで、同じ状態でもイライラする時としない時があります。脳内はかなり複雑で完全には分かっていませんが、どうやら心を落ち着かせてくれる安心ホルモン「セロトニン」が関係しているようです(1)。

つまり、**期待と違う出来事がワーキングメモリを浪費するのを、セロトニンが止めてくれる**んです。そうするとワーキングメモリに余裕ができるので、イライラアラームが発動しないわけです。

例えば女性は生理前にイライラしやすいものです。女性の70〜80％は生理前に何らかの自覚症状があるそうです。女性ホルモンの中には、セロトニンの働きを助けるものがあります。ですから逆に、女性ホルモンが減る時、つまり排卵後に受精がなく生理が近づく頃に、イライラしやすくなるわけです(2)。

さらに女性の体内では出産直前、この女性ホルモンの量が通常のなんと１００倍にも増えて

います。ですが、出産とともにこの女性ホルモンはもとの量にまで急激に減るので、セロトニンがうまく働かなくなるわけです。その他にも、出産後にはさまざまなホルモンの濃度が数ヶ月にわたって急激に変化します[3]。ですから、**女性は出産後にイライラしたり不安になったりしやすくなります。**

そして、**旦那さんにとっては、なんだかよく分からないことで奥さんがイライラしている状態はまさに、期待と違う出来事**です。こういう状態が続くと、旦那さんのワーキングメモリも大量消費され、イライラしてしまうわけです。

つまり、**子育て中はとても慌ただしいうえに、期待と違う出来事までもが群れをなして襲いかかってくるため、いつもワーキングメモリが残り少なく、イライラアラームが鳴りっぱなし**なんです。昔はこんなにイライラするタイプじゃなかったのに……なんて**自分を責める必要はありません。全然、普通です。**

では、次の項目ではワーキングメモリ不足によるイライラを解消するための方法を紹介しますね。

31 SNSなどで他人のリア充を見て、自己嫌悪に陥らなくてもいい

——たった1回の大成功だけ発表（アップ）していることが多いから

外に出て運動するだけでイライラが減る

子育て中はとても慌ただしいうえに、期待と違う出来事がたくさんあるので、いつもワーキングメモリが不足しています。イライラとは「ワーキングメモリが残り少ないよ」のアラームですから、当然、子育て中はイライラしっぱなしです。

この状態で無理やりイライラを抑え込んでも、ワーキングメモリは不足しているままですから、追い込まれると急に爆発してしまいます。また「**自分の感情をコントロールする**」などという新たなミッションをこなそうとすれば、余計にワーキングメモリを消費するだけです。うまくいくはずがありません。

イライラを解消する方法の一つ目は、ワーキングメモリの浪費を減らすことです。

「30 子育て中にイライラしてもされても、ごく普通のことなので気にしない」の項でもご説明したように、**セロトニンは天然の精神安定剤のようなホルモン**で、期待と違う出来事に気持ちが囚われてワーキングメモリを浪費するのを止めてくれます。ですから、セロトニンの働きを高めるのは有効な方法のひとつです。

そのために、まずは**外に出て太陽の光を浴びてみてはどうでしょう。**子どもと部屋にこもっているよりも、外に出た方が気分も軽くなります。そして、日照時間の長い夏のほうが、冬よりも脳内のセロトニンの量が多い[1]ことなどからも、どうやら太陽の光が脳内でのセロトニン作りを活発にするようです。また、明るい光は女性の生理前のイライラにも効果的なことが分かっています[2]。

そして、運動好きの人には朗報です。**運動、特に有酸素運動は、脳内でセロトニンを働かせるのに効果絶大**です[3]。子どもと一緒に公園に行ったら、ベンチで固まっていないで、とりあえず一緒に体を動かしましょう。

また、もし子どもがスポーツ系の習い事をしているなら、それをジッと見ているだけではもったいない！　一緒に習ってみたり、併設されている大人用の教室に行ってみたりするのもいいですね。少なくとも、ひとりで夜な夜なYouTubeを見ながらヨガをするより、ずっとラクに続けられます。

親も子も、自分を大事にするのが結構大事

でも、期待と違う出来事でワーキングメモリが浪費されるのを止める、**もっと根本的な方法があります。それは、世の中の情報に惑わされないこと**です。

世の中にはつい惑わされる情報が山ほどあります。そのひとつがSNSです。

例えば科学系の研究者が、実験室で世界最小のものを作ろうとしている時、同じ方法で作っても、千回作れば大きさはバラツキます。その中で一番小さいものを、チャンピオンデータといいます。でも、どんなに嬉しくても、これを「できた！」と発表するのは、科学の世界ではやってはいけないこと。なぜなら、いつでもできるわけではないからです。

一方で、SNSはチャンピオンデータだらけです。たった1回、まぐれでできただけでも、写真付きでSNSに即、アップです。「すごい！」と思ったらその喜びを共有したいのはよく分かりますし、咎められることではありません。そもそもSNSとはそういうものです。**SNSはいいところを切り取って、いい感じにアップされていますから、他人のSNSを見て「うちの子は……」なんて惑わされなくっても大丈夫ですよ。**

SNS以外にも、すごい子どもを育てたお母さんの育児書などを読んで、自分にガッカリする必要もありません。その著者は、とんでもない数の失敗をしていますから。ごく稀に苦労な

くして成功している著者もいるかもしれませんが、そんな浮世離れした人はごくごく一部ですので、気にしなくていいです。

そりゃ、親が「自分に似ないでほしい」と思うこともたくさんありますし、自分の嫌な部分が子どもに垣間見えるとゾッとすることもありますよね。それでも、子どもはパパやママに「もっとこうなってほしい」のような不満を持ったりしません。子どもは自分の親を他の親と比べたりしません。子どもはありのままのパパやママしか見ていないからです。

親がどんなに自分のことを「ダメだなぁ……」と思っていても、**ありがたいことに、子どもにとっては最高の親**なんです。無邪気な顔で「大好き！」って言ってくれる子どもの顔を見るだけで、やっぱり幸せな気持ちになりますよね。

それから、もうひとつ。**何でも早くできるほど将来、成功するというのもウソ**です。興味を持つタイミングはみんなバラバラですが、脳の発達にもちゃんと順番がありますから、理解できるレベルにほとんど差はありません。どんなに早めようとしても、2歳でワキ毛は伸びませんし、3歳で永久歯は生えませんし、4歳で思春期が訪れないのと同じです。

子どもは自分が成長することに一番、興味があります。親ができるのは、子どもの興味を思う存分、深めさせてあげることだけです。

言葉を話すようになるのも、オムツが外れるのも、文字に興味を持ち始めるのも、その子なりの優先順位があります。**子どもが嫌がることを無理にさせるのはやめましょう**ね。

32 子どもとくすぐりっこをする

——笑うことで、イライラを解除する副交感神経が活性化される

笑いがストレスを解消することが実験で示されている

イライラしている時は、交感神経がオンになっています。この交感神経をオフにすれば、イライラは自然と静まります。**戦闘モードの交感神経をオフにするためには、リラックスモードの副交感神経をオンにすればいい**んです。そこで使えるのが「笑い」です。

上方落語家である二代目桂枝雀は、笑いの「緊張の緩和理論」を唱えた人です。そしてこの理論を、帝京平成大学の小林郁夫教授が実験し、笑う直前は緊張して交感神経が活発になり、

笑う瞬間にはそれが確かに緩和して副交感神経の活動がビュンと跳ね上がることを確認しました(1)。また、**笑うことによって血中のストレスホルモンの量が減ることも分かっています**(2)。

スタンフォード大学のディーン・モブス教授たちは、**笑いによって幸せや満足感を感じる脳の部位が活発に動くことを実験で示しました**(3)。世界中の誰もが、教えられてもいないのに、おもしろい時に横隔膜を痙攣《けいれん》させて「あっはっはー」と笑います。食べることや呼吸することなどと同じく、**笑うことは人間が幸せに生きていくために不可欠**なものなんです。

さらに誰かと一緒に笑うことで、共感しあい、リラックスして安心感を得ることができます。また、誰かの笑顔を見るとこちらもつい笑顔になりますが、これもプラスの感情を引き起こします。テレビＣＭや広告でも笑顔が多用されるのはそのためです。

２歳のかいとくんのお父さんは、最近、かいとくんが全く大したことないことでよく笑い転げることに気がつきました。最近、仕事も忙しく、さらにかいとくんのイヤイヤにもピリついていたので、もしかしたら、かいとくんが笑いに飢えていたのかもしれないと思ったお父さんは、毎朝、かいとくんと**くすぐりっこしてみることにしました。**

かいとくんは「もっと、もっと！」と止まらず、もう死んじゃうんじゃないかというくらい、笑い転げていました。毎日続けていると、かいとくんもなんだか安心して、**気持ちが落ち着い**

てきた様子。しかも、そんなかいとくんの笑顔を見ていたら、**お父さんもイライラが吹っ飛んで**、少し落ち着いた気持ちになりました。子どもの笑顔って、親にとって最高のご褒美なのですね。

33 1日1分、ボーッとする

――脳内をリフレッシュする最も簡単な方法

頭がスッキリし、アイデアがひらめくことも

子育てしていると脳がずっと慌ただしく、なかなかボーッとする暇もありません。でも実は**ボーッとすることは脳にとても大切**なんです。

ワシントン大学のマーカス・E・レイクル教授は、仕事や勉強などで頭を使っている時に消費するエネルギー量はほんのわずかで、実は脳全体の消費エネルギーの約75％はボーッとしている時に消費されていることを発見しました。この時、無意識に過去の記憶を整理したり、落ち着いて未来を思い描いたり、じっくり計画したりしているようです（1）。

しかも、ボーッとしている時に動く脳内のネットワークを含むいくつかの部位が効率的につながっているほど、パッといいアイデアがひらめくようです（2）。**ボーッとすることで脳内のゴミがスッキリ片付いて、なんだか前向きな気持ちになると、素敵なアイデアが降ってくるん**ですね。

お母さんもお父さんも、朝起きて、一日がバタバタと慌ただしく過ぎていき、夜は寝床に直行となりがちかもしれません。でも**一日に1分間だけでいいので、ボーッとする時間を作りましょう。**朝でも昼でも夜でも、生活のリズムに合わせていつでも大丈夫です。

スマホは手元から遠ざけて、テレビは消して、ひとりでゆったりしてみましょう。やってみると、意外に気持ちがいいものです。しかもたったこれだけで、気分もすっきりして、なんだか楽しいことを思いつくかもしれませんよ。

第2章 生活習慣

34 早寝早起きにこだわらない
――それよりもはるかに大事なのは、決まった時間に起きること

夜泣きの原因は、体内時計に従っていないから

子どもが夜遅くまで寝なかったり、とんでもない時間に目覚めたり、挙句、激しく夜泣きしたり、かと思えば朝はいつまでも眠そうだったり……。これはどうやら、子どもの体内時計が地球のリズムとズレているからのようです。

地球上の動物や植物は、地球のリズムに合わせてよりよく生きるため、およそ24時間で1サイクルする体内時計を持っています。例えば、セミなどは外敵がまだ眠っている明け方に羽化して、ゆっくりじっくり羽を広げますが、これも体内時計の働きによる行動。太陽が昇り始めてからノコノコ出てきたら、すぐにパクリと食べられてしまうのです。

２０１７年、この体内時計をコントロールしている時計遺伝子を発見したアメリカの３人の生物学者がノーベル賞を受賞しました。

人は昼に活動し、夜になると眠くなります。「眠くなる」というのは、寝るべき時間が近づいたことを体内時計が感知して、脳内で眠気を誘う睡眠ホルモンを分泌し始めた合図です。この状態で横になって目を閉じると、自然と脳がまさにスリープモードに入ります。

そしてたっぷりと睡眠をとり、脳も体も翌日の準備が整った頃に、体内時計が今度は睡眠ホルモンの分泌を減らします。人は太陽の光で目覚めるわけではなく、体内時計にセットされた起床時間が日の出にうまく合っているのです。

さらに**太陽の光には、体内時計をリセットする働きがあることが分かっています**(2)。人間の場合、体内時計の司令部はちょうど左右の目と脳をつなぐ辺りにあるので、目から入る光によって簡単にリセットできる仕組みになっています（絶妙！）。これによって睡眠ホルモンの分泌が完全にストップし、スッキリ目覚めるわけです。

だからこそ、逆に体内時計と食い違う時間に寝起きしようとすると、体がうまく動きません。睡眠中も十分に脳や体を休めることができず、小さな子どもだと夜泣きしてしまうことも多いんです。

赤ちゃんの体内時計は、大人がチューニングしないといけない

人間の赤ちゃんは、とても未熟な体内時計を持って生まれてきます。最初の1ヶ月の寝起き時間は、太陽のことなんて完全に無視で、全くの不規則です(3)。でも、**日が昇る頃に身近な大人に起こされ、暗い夜はさっさと寝かされることで、少しずつ体内時計がチューニングされていきます。**長い間、人間はこうして自然に生きてきました。

ですがお祭しのように、今の世の中、太陽の光以外にも明るいものがたくさんあります。夜もスイッチひとつで部屋は簡単に明るくなりますし、テレビ、スマホなどが子どもの目に容赦なく明るい光を注ぎ込み、体内時計のボタンを連打し続けます。

夕方頃に睡眠ホルモンを分泌して眠くなったとしても、これらの光で子どもの体内時計は「おっと、まだ昼だね」と勘違いして、睡眠ホルモンの分泌をやめてしまいます。大人でもコンビニの店内くらいの明るさの光によって、体内時計が2、3時間、後ろにずれることが分かっています(4)。

さらに**子どもの体内時計は、大人よりもはるかに光に敏感であることも分かっています**(5)。あんなに眠そうだったのに、帰りに買い物に寄ってちょっとウロウロしているうちに目が冴えてしまい、数時間ズレた体内時計が眠る時間を告げる頃には、すっかり夜も更けています。

こんな生活を繰り返すうちに、子どもの体内時計が地球のリズムとは食い違って固定化されてしまったり、決まったリズムを刻まなくなってしまったりします。子どもの体と脳が、壊れた時計に乗っ取られてしまうわけです。

子どもの体内時計はおよそ2歳までにできあがります。そして、一度できあがった体内時計は7歳以降に修理するのは難しいといわれています。幼児期に体内時計を地球のリズムに合わせてチューニングしてあげることは、子どもが人生をラクチンに生きていくためにも、親がラクチンに子育てするにも、本当に大切です。

そのためには、まずは毎朝、決まった時間に体内時計のリセットボタンを押すこと、つまり定時起きが大事です。できれば7時までには起きるようにしましょう。決まった時間に起きたらカーテンを開けるだけでＯＫです。この瞬間から、子どもの体内時計がお昼寝や夜寝の時間に向けて時を刻み始めます。

お昼寝は明るい部屋で大丈夫ですが、**今の時代、子どもの体内時計に「あ、よるだ」と感じさせてあげるための演出は、面倒ですが欠かせません。**子どもが眠そうになったら明るいお店は早めに退散して、寝る2時間くらい前にはテレビやスマホも控えましょう。

子どもの体内時計を地球のリズムに合わせてチューニングするだけで、夜は自然に眠くなり、朝は自然にスッキリと目覚めてくれるようになります。もう親が子どもの寝起きのリズムに振り回されることも、少なくなりますよ。

35 子どもが夜中に起きても一生懸命に付き合わず、さっさと寝かす

——夜中に親が頑張るほど、子どもは正しい睡眠ができなくなる

生後半年以降は、夜中にミルクはあげない

子どもが夜中にちょこちょこ起きてしまったり、原因不明の激しい夜泣きがあったり、本当に困りますね。昼間にただでさえ疲れるんですから、夜くらいはゆっくり眠りたいものです。

睡眠には全く違う2種類の状態があります。眠るとまず、脳波もゆったりしたノンレム睡眠が始まります。そしてしばらくすると、体は眠ったままですが、脳は起きている時のように活

発に動き始めます。これはレム睡眠と呼ばれています。大人は夜に一度眠ると「ノンレム睡眠↓レム睡眠」のサイクルを4、5回繰り返してから、目覚めます。

一方、人間以外の哺乳類では「ノンレム睡眠↓レム睡眠」が1サイクルで、レム睡眠のあとに必ず目覚めます。あまり長く眠り続けていると敵に襲われるかもしれないからです。そして人間も子どものうちは、レム睡眠のあとによく起きてしまうんです。そして、抱っこしてほしくてついグズったりします。

こんな時、一生懸命なお父さん、お母さんは、眠いのを我慢して抱っこしてあげたり、授乳したりミルクをあげたり、もしかしたら電気をつけてあげたりするかもしれません。でも実はこれが、子どもが人間らしい睡眠リズムを身につけるのを邪魔しているんです。

アメリカの国立睡眠財団によると、夜の栄養補給が必要なのはせいぜい生後半年までで、それ以降は、夜中に起きても自分で眠りに戻らせてあげることを推奨しています。

生後半年以降のミルクは、あげても一晩に1回だけ。そして1歳までには夜は断乳です。電気はつけずに、汗やオムツをちょっと確認したら、静かにトントンと叩くくらいで寝かせてあげましょう。

また、もしもう1歳を過ぎている場合は、子どもにちゃんと説明してあげて、夜中の断乳に踏み切ってみてはどうでしょう。いきなり完全になくすのは難しいですが、授乳しながら眠るのをやめるなど、少しずつおっぱいと睡眠の連動を断ち切ってみましょう。「夜中はおっぱいは、次の赤ちゃんのところに飛んで行っちゃうんだって」などと言ってあげれば、納得して夜中のおっぱいにバイバイしやすくなるかもしれません。

それから、抱っこしてほしいわけではなく、ただの寝言のような夜泣きもあります。

夜泣き専門保育士である清水悦子さんはこれを「寝言泣き」と呼んでいます。レム睡眠中は脳と体は切り離された状態になっていますが、たまたま何かの理由でつながってしまった時に大人でも寝言を言います。大人の寝言に応えると、レム睡眠中に脳と体がつながりやすくなってしまい、寝言が増えてしまうので、寝言に答えてはいけないというのは聞いたことがあるかもしれません。これと同じで、夜中に寝言泣きで泣いている子どもに答えてしまうと、レム睡眠のリズムを乱して、夜中に泣くことが増えてしまうんです。

1歳半のあやのちゃんは、夜中に何回も泣いて起きてしまい、そのたびにお母さんは抱っこしたり授乳したりで、いつしか一晩中、抱っこしながら座って寝るようになっていました。

お母さんはこの状態を何とか脱しようと、泣いてもすぐに授乳するのをやめ、とりあえず3時間は夜中の授乳間隔を空けると決めました。そして布団に寝かせたままひたすらトントン叩いたり、耳元で「シーシー」と囁《ささや》いてみたりしました。科学的根拠はないものの、この「シーシー」作戦はとても効果的で、そのうちすぐに泣きやんで眠るようになったそうですよ。

寝る前は、子どもに楽しかった話をしよう

また、人間の脳には、眠っている間に起きている時の記憶をリプレイして、記憶を定着させる仕組みがあります。マサチューセッツ工科大学のマシュー・A・ウィルソン教授たちは、ラットの脳にたくさん電極を差し込んで、寝ている間のリプレイを確認しています(1)。

ということは、たくさん泣いた出来事があった日には、夜中にもう一度泣くかもしれないということです。こちらも寝言泣きと同じく、別にお腹が減っているわけでも、オムツが濡《ぬ》れたわけでも、抱っこしてほしいわけでもありませんので、何をやってもなかなか収まりません。辛い出来事を二度も（二回目はバーチャル〈仮想的〉な疑似体験ですが）経験するなんて、かわいそうですが仕方がありませんね。

そこで例えば、お友だちとケンカしてたくさん泣いて、仲直りして一緒におやつを食べたなら、「いっぱい泣いてお腹ペコペコになったから、おやつが美味しかったね♡」「あんなにケンカするなんて、仲良しの証拠だね♡」とたっぷり話すなど、**悲しい出来事があった日は楽し**

かった記憶を少し盛っておきましょう。モヤモヤしたまま眠るよりも、ずいぶんラクになりますよ。

ちなみに、先ほど出てきたアメリカ国立睡眠財団のガイドラインによると、**適切な睡眠時間は、生後すぐ～3ヶ月で14～17時間、4ヶ月～11ヶ月で12～15時間、1歳～2歳で11～14時間、3歳～5歳で10～13時間**、です。

子どもは起きている間にいろんなことを学ぶのと同じく、眠り方も学習中。上手に眠れないことも多いですが、あたふたせずに、朝までゆっくり眠ることができるように導いてあげましょう。それができれば親だって朝までグッスリ眠れるようになって、お互いハッピーですね。

36 親も家事より、まずはたっぷり睡眠

――家事が完璧かどうかよりも、ストレスや病気を遠ざける睡眠のほうがはるかに大事

親の風邪の原因は、睡眠不足と強い関係にあった

かつての日本では、スキマ時間を使って子どものためにせっせと裁縫《さいほう》をしたり、いつでも部屋をきれいに片付けていたりと、寝る間も惜しんで頑張ることが、なんだか美徳とされてきたかもしれません。

でもそんなのはもう古い！　最新の科学から分かったオススメ子育て法は「親も家事より、たっぷり睡眠」です。

まず、**睡眠不足になると判断力が鈍ります。**小さい子どもを育てている親にとって、小さなミスは大事故につながる恐れありです。

ペンシルベニア大学のヴァン・ドンゲン博士たちは、普段の睡眠時間が約8時間の大人を8時間、6時間、4時間睡眠、そして徹夜のグループに分けて、単純作業でのミスの回数を調べ

ました。すると、6時間睡眠が10日、4時間睡眠が1週間続くと、徹夜明けと同じくらいミスをすることが分かりました(1)。

スペースシャトル・チャレンジャー号爆発事故、チェルノブイリ原発事故、スリーマイル島原発事故……、どれも睡眠不足によるミスが原因だそうです。忘れ物、うっかりミス、ちょっとした後悔が多い人は、たっぷり眠れば解決するかもしれません。

また、うっかりミスと同じくらい避けたいのは、子育て中の病気ですよね。子どもの「遊んで！」も「イヤイヤ！」も「なんで⁉」も、元気だからこそ笑って対応できます。**睡眠不足で真っ先にヤラれるのは免疫力**です。

カリフォルニア大学の精神医学者アリック・プレイザー博士たちは、風邪のウイルスを鼻から投与した時（ひどい！）の感染リスクと睡眠時間の関係を調べたところ、睡眠時間が7時間以上の人に比べて、5〜6時間睡眠の人はなんと4倍以上も風邪にかかりやすいことが分かりました(2)。

幼稚園や保育園に通う子どもの親は、日々、子どもが持ちかえる風邪のウイルスを強制投与されているようなものですよね。**しょっちゅう風邪を引いてしまう人は、睡眠が足りないのかもしれません。**

睡眠時間が減れば減るほど、イライラしやすくなる

一方で、**たっぷり睡眠でよいことの筆頭は、イライラとサヨナラできること。**睡眠不足になるとイライラしやすくなるのは実感があるかもしれません。

事実、たっぷり眠ると、昼間に安心ホルモン（セロトニン）が脳内で働きやすくなることが分かっています(3)。そしてこの安心ホルモンは、起きてから14〜16時間後には体内でなんと睡眠ホルモンに変化しますから、またグッスリ眠れるようになるんです。これぞ安眠ループです。

逆に、イライラすると分泌されるストレスホルモンには覚醒作用がありますから、なかなか眠れなくなります。そして寝不足になって翌日もイライラが募る……、こちらは寝不足ループです。

親がイライラしていることに比べたら、部屋が散らかっていたり、夕食の残りが翌日のお弁当に入っていたり、取り込んだ洗濯物が山積みされていることくらい、問題にもなりません。今夜は家事はソコソコに、子どもと一緒に朝まで眠ってみてはどうですか？

親が頑張るほど子どもは伸びる気がしますし、片付いたおうちで子育てしたいものですし、

いいと言われることは全部やりたくなるのが親の心情かもしれません。でもそうなってくると、削られがちなのが睡眠時間です。

しかし、そもそも子育てに一番大事なのが「愛情をゆったりたっぷり注ぐこと」であることは揺るがない事実。そのためにはトラブルが少ないに越したことはないですし、親は元気が一番ですし、イライラは大敵。つまり、**親がたっぷり寝ているほど、子育てに都合がいい**わけです。

おまけに、イライラして子どもを怒っている時間や、トラブル対応している時間や、体調がすぐれなくて動きが鈍い時間も減って、さらに子どもに愛情を注いであげられますね。

37 発表会など本番の前の日はたっぷり眠らせる

——しっかり寝ることで、より正確に動けるようになる

睡眠が、記憶力も考える力もアップさせる

いよいよ明日は、子どもの習い事の発表会。子どもも親もドキドキです。たくさん練習したけれど、もし本番で失敗したらどうしよう……。こんな時、たっぷり睡眠さえとれば、練習以上の力を発揮するかもしれないという、そんなオイシイお話をこれからします。

脳の中にはニューロンと呼ばれる小さなリード線のようなものが、1000億本も張り巡らされています。そしてこのニューロンから隣のニューロンに電流を流して、いろんなことを考えたり記憶したりしています。

例えばいくつかのニューロンをつなげてある単語を覚えたとしても、そのつなぎ目はだんだんまた離れて、単語は思い出せなくなります。でも何度も繰り返し覚えていると、もはや

ニューロン同士に電流がスムーズに流れるようになって、忘れなくなります(1)。

そして**睡眠中は、起きている間につなげたニューロンのつながりをキツくして、忘れにくくしている**ようです。ロンドン大学のダグマラ・ディミトリウ博士たちが子どもたちに行った実験でも、「猫＝バスコ」「鶏＝ラズ」のような動物の名前を覚える記憶力テストのスコアが、起きている間にはほとんど変わりませんでしたが、ただ眠るだけで14％もアップしました。

つまり、**眠ると忘れにくくなる**ということです。さらに、知育教材によくあるような算数パズルでも同じく、眠ることでスコアが25％もアップしました(2)。**睡眠中に記憶を整理整頓して脳がスッキリすると、考える力も育つ**んです。

動きの正確さも、睡眠によってアップする

そして睡眠にはさらに驚くべき効果があります。単語の記憶などはあくまでも忘れにくくなるだけですが、記憶の中でも楽器の演奏、スポーツ、そろばんやダンスなど、**「体で覚える」タイプの記憶は、眠るだけで、眠る前よりもうまくなることが科学的にも証明されています。**

「体で覚えている」とはいっても、体が勝手に動くわけではありません。これは主に小脳からの指令で動いていています。

小脳は何十回も何百回も試した体の動かし方の中から、うまくない動きのニューロンのつな

がりを断ち切ってしまい、最終的にうまいやり方だけを自動再生する仕組みがあります。小脳のこの働きを発見した東京大学の神経科学者である伊藤正男教授は、文化勲章を受章しています。

そして小脳の作業は、眠っている間にも続いています。例えばすばやくパソコンを入力する人は、「『H』がこれで……」などと考えずに、まさにキーボードの場所を体で覚えています。ハーバード大学のマシュー・ウォーカー教授たちの実験では、このようなキーボード入力を練習した直後よりも、一晩寝たあとのほうが、正確さが25％、スピードが16％もアップしていました(3)。

さらに、**難しい動きほど、寝る前に比べて寝たあとでのスピードがよりアップしていました**(4)。しっかり練習したあとは、眠ることで確実に上手になるんです。

例えば、ピアノの曲で、うまく弾けない部分がいくつかあって、なかなか最後まで間違わずには弾けなかったとします。でも眠りさえすれば、脳が勝手に下手なニューロンのつながりを完全に断ち切ってしまうので、翌日には間違わずに一曲まるまる弾けるようになるんです。こんな経験がある人も多いのではないかと思います。

発表会、進級テスト、大会や試合など、前の日は親も子どもも緊張して、つい寝るのが遅くなりがちかもしれません。でも**翌日の大成功と子どもの笑顔のためにも、たっぷりと眠らせてあげましょうね。**

38 好き嫌いがあっても気にしない

——「楽しみながら」「親も同じものを一緒に食べる」「食事の準備に参加してもらう」などで、食べられるようになることも

その食べ物が嫌いなのは、自分の身に安全でないと判断するから

子どもって好き嫌いが多いですよね。「にがい」とか「あじがヘン」なんて言って、頑《かたく》なに食べようとしなかったりします。好き嫌いのない健康な子どもに育ってほしいのに……。

実は**子どもの好き嫌いの判断基準はただひとつ、食べても安全かどうかです。これを感知する2つのルートが、子どもの好き嫌いを引き起こしています。**

一つ目のルートは「味」。

味には5種類あるといわれています。甘味（エネルギーの源、糖の味）、塩味（体のバラン

スを保つのに必要なミネラルの味）、うま味（血肉となるタンパク質の味）の３つは生存に必要なものが入っていることを知らせる味です。

一方で、例えばフキノトウやタラの芽、菜の花などの春の野菜は苦味が強いですよね。これは昆虫から身を守るための植物の防衛本能です。苦味のせいで、昆虫は身の危険を感じるから食べないわけです。つまり苦味は本来、「毒ですよ！」の合図です。そして最後に、酸味は「腐っていますよ！」の合図です。

幼い子どもはまだ体がとても弱いので、本能的に苦味や酸味に危険を感じます。毒や腐っているものを平気で食べてしまうと、生き残ることができないからです。成長とともにいろんな味を経験していく中で、そのうち食べるようになります。

大人だって、小さい頃に食べられなかったけれど、好きになったものってありますよね。**今、いくつか食べられないものがあっても、栄養は他から十分に採ることができますから、躍起《やっき》になって食べさせなくても大丈夫**ですよ。

そして、**安全かどうかを判断する二つ目のルートは「快／不快」**。これは脳の感情の中枢である、扁桃体《へんとうたい》というところで認識しています。食べ物を味わうと、扁桃体はすぐさま過去の記憶と照合して、食べても大丈夫かどうかを判断します。

そして安全でないと食べませんから、そもそも**食べたことのない食べ物を食べようとしない**

のは当たり前です。いわゆる食わず嫌い、学術的には「新奇性恐怖」といい、2歳から6歳がピークです。

一般に、**いろんな食べ物が食事で出される子どもほど、食わず嫌いにはなりにくい**ようです。これに関してはたくさんの実験があり、例えば、離乳食を始めたばかりの子どもを、10日間、ニンジンばかり食べるグループ、ジャガイモばかり食べるグループ、いろんな野菜を食べるグループの3つに分けると、初めて食べるチキンを一番よく食べたのは、いろいろ野菜グループだったそうです(1)。

でもそんなにいろんな食材で幼児食を用意するのも大変ですよね。そこで、簡単な方法があります。**信頼しているお父さん、お母さんが同じものを一緒に食べれば、本能的に安全だと理解しやすい**んです。

ペンシルベニア州立大学のリーン・L・ビーチ教授たちの実験でも、2歳から5歳の子どもは、親しい大人がそばにいる時に、別のものを食べているよりも同じものを食べている時のほうが、初めての食べ物を受け入れたと報告しています(2)。

子ども用に少し柔らかく煮たり、小さく切ったりした食べ物は、大人も同じものを少しお皿に盛って食べましょう。「これ、美味しい！」と言いながらニコニコ食べていたら、子どもも安心して食べられますよ。

ご褒美で食べさせるのはNG

それから、**自分が食事を作るプロセスにかかわった食べ物も、安全だと理解する**ようです。

例えば5歳のりゅうせいくんは、ご多分に漏れず、シソが嫌いでした。でも今年、保育園で作った野菜はなんと、シソ！　お父さんもお母さんも「かわいそうに……」と思っていましたが、りゅうせいくんは自分が育てたシソを持って帰ってくると、当たり前のようにバクバクと食べてしまいました。自分で栽培したから、脳が「安全だ」と判断しやすかったわけです。自分がシソ嫌いだったことは、今では全く覚えていないそうです。

自分で育てる以外にも、お店で自分で選ぶ、自分で買う、自分で切る、自分で盛りつける、など、いろんなかかわり方があります。つまみ食い（これも一応、食事の準備）なら、どんな食べ物も意外に喜んで食べます。

そしてオススメなのが、マイ胡麻《ごま》すりです。4歳のみずきちゃんは、小松菜やホウレン草、キャベツなど、葉っぱ系のお野菜が苦手でした。でも、マイ胡麻すりを買ってあげたところ、何でも自分ですった胡麻をかけてパクパク食べるようになりました。「口よ開け、胡麻！」ですね。

そして、**初めての食べ物ではなくても、食べても安全だと思えない時があります。それはその食べ物がすでに不快な記憶と結びついている時**です。

例えば私は昔、フレンチトーストを食べて気持ちが悪くなったことがあり、以降、大人になるまでフレンチトーストが嫌いでした。そして何よりも、食事の時に周りで「好き嫌いしないの！」「行儀が悪い！」「いつまで食べてるの⁉」などと言われると、食事自体が不快なものになってしまいます。食事のたびに脳が「危険だ！」と信号を送ってしまうからです。こうなると食べ物の危険性にどんどん敏感になってしまいます。

でも本来、食事は楽しいもの。例えば久しぶりに会う人とゆっくり話がしたい時、「ランチする？」「お茶する？」などと言いますよね。人間にとって、食事はただの摂食行動ではなく、楽しいコミュニケーションのための手段でもあります。**いろんなお話をしながら毎日の食事を楽しく食べることで、ポジティブな体験をたくさんさせてあげて、子どもの脳が「食事は安全だ！」と信号を送るようにしてあげましょう。**

ちなみに、**「○○を食べたらテレビを観てもいいよ」などご褒美でつるのは、「○○」をもっと嫌いになるだけだということは証明済み**(3)。**そんなことしてまで食べさせる必要はありません。食事を楽しんでいるなら、少しくらいの好き嫌いは、気にしない、気にしない！**

39 食事は30分でおしまい

――30分後は、どうせ食欲がなくて食べたがらないから

「早く食べなさい！」とせかすのは、食欲をさらに減らす

子どもの食事は本当に長い！　毎食ごとに1時間なんて子どもも少なくないですよね。特に朝は、多くの家庭では30分くらいの食事時間を見越して起きていますので、あっという間に時間がなくなってバタバタしてしまいます。

でも、ご安心ください。**食事は30分でおしまいでいいんです。**

「お腹いっぱい」と感じる時、実は胃が食べ物で満たされているとは限りません。例えば胃を手術で全部切り取っても、食事をすれば満腹を感じます。お腹がいっぱいと感じるのは、血糖値、つまり血液中のブドウ糖の濃度が高くなることが関係しているからです。

ごはんやパンに含まれている炭水化物はブドウ糖が数百個つながったもので、消化されるとバラされてブドウ糖になります。これが吸収されて血液に取り込まれるので、**食べ始めて30分**

後くらいから血糖値が上がり始めます。これに脳内の満腹中枢が反応して「もう食べなくていいよ！」と指令を出します。

ですから**食事が始まって30分経ったら、もう食欲はなくなってしまう**んです。**子どもは脳からの欲求にとても敏感ですから、食べたくないと思ったら、もはや体は動きません。**

でも目の前にはまだ食事があって、**時には親から「早く食べなさい！」なんて言われてしまいます。このプレッシャーが、子どもの食べるスピードをさらに遅くする**んです。

ペンシルベニア州立大学のリーン・L・ビーチ教授たちは、未就学児を2つのグループに分けてスープを飲んでもらいました。この時、片方のグループは普通に飲み、もう片方のグループは子どもが飲んでいる間に、大人が1分につき4回「早く飲んでね」と言いました。

すると（もうお分かりかと思いますが）、プレッシャーなしのグループの子どものほうがスープをよく飲むことが分かりました。一方で、プレッシャーを与えられた子どもは、「飲みたくない」とか「まずい」とか、山ほど文句を言いました。

ちなみに、同時に行ったアンケートで「普段からプレッシャーを与えている」と答えた親の子どもたちは、実験時のプレッシャーなんか完全無視で、ちっともスープを飲みませんでした(1)。

食事が始まって30分経って、子どもがダラダラし始めたら、これ以上食事を続けてもどうせ負け戦です。腹が減っては戦はできぬ、腹いっぱいでも戦はできぬ。

食事は30分で食べられる量にしましょう。仮にまだ残っていても、「わ、たくさん食べたね！」と言って達成感を感じさせてあげて、楽しくサクッと終わりましょう。

40 むら食いを気にしない
――1日に食べる総量は、結局変わらないから安心しよう

4歳以下だと好きなものばかり食べ続けてしまう

子どものむら食い（毎回の食事量が一定でないこと）に、辛い気持ちになったことはありませんか。食べたいと言うから頑張って作ったのにちっとも食べてくれない時なんて、涙、涙、ですよね……。「捨てるために作ったんじゃない！」と叫びたくもなります。

また、1回の食事の中でも、パクパク食べる料理もあれば、全く食べない料理もあります。好きだからと思って作ってあげたお皿に全く手がつかないことも。どうして子どもはむら食いするのでしょう。

食欲には、お腹が減った時の「エネルギーがほしい」というもの以外に、「美味しいものをいっぱい食べたい」というものがあります。美味しいものを見たり食べたりした時、脳内で脳内モルヒネとも呼ばれる物質（β－エンドルフィン）が分泌されてとても幸せな気持ちになり、食べたい欲求が止まらなくなるんです。

こんな時、「好きなものばかりじゃなくて、やっぱり他のものも食べよう」と考えるのは抑制機能の働きですが、これが発達し始めるのはイヤイヤ期が終わりを迎える4歳頃からです。ですから**4歳以下の子どもは美味しいと感じたものばかりを食べ続けてお腹いっぱいになってしまい、他のものを食べられなくなってしまう**んです。

また、例えばお昼ご飯をたくさん食べた日の夕食は、少ししか食べなかったりもします。でも不思議なことに、**毎食ごとに決まった量を食べなくても、24時間ではほぼ同じ量を食べています。**

ある実験で2歳から5歳の子どもたちの6日間の食事量を調べたところ、毎食ごとに食べたり食べなかったりするのに、結局、一日の総エネルギー摂取量のバラツキは平均で10％程度でした。また、ある子どもの夕食は150キロカロリーの日もあれば450キロカロリー食べた日もありましたが、1日の総エネルギー摂取量で比べると2・5％しかバラツかなかったそうです(1)。

ある日の朝ご飯をたくさん食べたからといって、翌日の朝ご飯の量を増やすと、結局、残されることも多いので要注意ですよ。

冷凍を活用すれば、食事の準備はかなりラクになる

子どもの食事はとても気まぐれです。それなのに毎回、全力で食事を作り続けるにはかなりの忍耐力が必要です。そこで我が家の息子のむら食い時代は、冷凍をフル活用していました。

自分で冷凍するとマズくなる、栄養が少なくなるなどのイメージがあるかもしれません。ペットボトルを凍らすと分かるように、水が氷になると膨らみます。ですから肉や魚の細胞内の水が凍ることで細胞を突き破ってしまい、解凍する時にそこからうまみが流れ出て美味しくなくなってしまうんです。でも、サンマを焼く前に塩を振っておくと身がしまるように、醤油や酒、みりんなどの調味料は肉や魚の細胞内の水を吸い出してくれます。ですから**下味と一緒に冷凍すれば、マズくなりにくい**んです。

また、野菜をしなびさせる原因となる野菜の酵素は、冷凍庫の温度でも働くので、そのまま冷凍するとどんどんしなびていきます。でも**冷凍する前に軽くレンジで温めておけば、酵素の働きが失われて、冷凍しても美味しさはそのまま**です。

ですから当時の私は、週末に一週間分の夕食を準備していました。とはいっても、一食分ずつ肉や魚を冷凍パックに入れて、調味料もジャーッと入れて空気を抜いたら、冷凍庫にポイ。出勤前に夕食に使うものを冷蔵庫に移しておいて、帰ってきたら焼くだけです。玉葱やキャベツ、ブロッコリーなどは固めにレンジで温めたら冷凍パックに入れて冷凍庫にポイ。凍ったまままお湯に入れて味付けしたらスープのできあがりです。

まとめて冷凍する時だけ少し手間ですが、毎晩、イチから食事を作るよりはずっとラクチンですよ。

41 ながら食べをさせない簡単な方法

――テレビをラジオに変えるだけでもだいぶ変わる

食事中のテレビが、栄養を偏らせ、食べる力を弱める

２０１３年にベネッセコーポレーションが行った調査では、小学生を持つ家庭の約75％が、夕食時にテレビを毎日、またはたまにつけていると答えています。そして多くの家庭で「テレビばかり観てないで、食べなさい！」と、お小言が増えているそうです。

人間はふたつのことに同時に集中することが苦手です。ミシガン大学のデビッド・Ｅ・メイヤー教授は「２つのことを同時にしようとすると、集中の切り替えに注意を浪費してしまい、どちらもうまくいかない」と言っています（1）。

一方で、熟達してルーチン化できるようになると、同時にできるようになります。例えば車の運転初心者は運転中に話しかけられるとパニックになりますが、運転が上達してくると楽しく会話しながらドライブできるようになります。それでも、道が複雑で集中が必要な時には

「ちょっとだけ静かにして」とお願いしたりもしますよね。

大人はテレビを観ながら食事することができます。食事をルーチン化できているからです。でも**食事の初心者である子どもは、テレビを観ながら食事をすることはできません。食事中にテレビをつけると、テレビばかり観てしまって手が止まり、どうしても食事が進まなくなる**んです。

ある実験によると、3歳から5歳の子どもの昼食中にテレビを観せると、昼食の時間の93%は目がテレビにくぎ付けで、食べる量もテレビなしの子に比べてたった半分でした(2)。「テレビばっかり観てないでちゃんと食べなさい！」と言われたって、子どもにはなかなかできないんです。もちろん、YouTubeなども同じです。

ちなみに、**食事初心者の子どもでも、食事中に会話はできます。**これは「15『優しい子になって』と言わない」にも出てきたミラーニューロンの働きです。会話をしながらでも、目の前で親が食事をするのを見ているので、無意識に真似して食事が進むというわけです。

さらに、**食事中にテレビを観る子どもは、高カロリーな食べ物をよく食べ、野菜や果物をあまり食べないという調査結果もあります**(3)。食べるスピードが遅いので、大好きな唐揚げやハンバーグを食べているうちに脳が満腹感を感じてしまい、野菜を残してしまうのです。

また、テレビを観ながら食べると一口のサイズが大きくなる、十分に咀嚼《そしゃく》しないまま飲み込む、などの傾向も見られます。**幼児期に身につけるべき「食べる力」が育たない**んです。

食事中の静けさが嫌なら、進化しているラジオを使いこなそう

とはいっても、食事中にテレビを消してしまうと、シーンとなりがちですよね。まだ言葉も危うい子どもと会話が弾むなんてことはなかなかありません。

でも「何か会話しなきゃ！」とプレッシャーに感じる必要はありません。そもそも子どもが食事している時は、運転初心者が公道を走っている時と同じです。ブロッコリーを手づかみで食べるのも、ニンジンをフォークで刺すのも、サンマをお箸《はし》で食べるのも、**集中して全力で取り組んでいるんですから、無理して話しかけなくてもいい**んです。だんだん食事が上手になって、自然に会話が楽しめるようになるまでのんびり待ちましょう。

そうはいっても、親にとって静かな食事は退屈かもしれません。また、そもそも親が食事中にニュースなどを観るのが日課になっている場合もありますよね。

3歳のあゆちゃんのお父さんもそんな一人でした。でも最近は食事中にテレビをつけると、あゆちゃんがアニメを観たがるので困っていました。そこで活用を始めたのが、なんと**ラジオ**

です。「ラジオなんて、古くない?」と思うかもしれませんが、実はラジオも今、どんどん進化しています。

テレビに先駆けてタイムフリーが導入されていますから、スマホに「radiko.jp（民放ラジオ）」や「らじる★らじる（NHKラジオ）」のアプリをインストールしておけば、**いつでも好きな時に、ニュース、語学、音楽、バラエティ、そして子育て情報などをワンクリックで楽しむことができます。**

耳からの刺激だけなので情報量も多すぎず、テレビに比べていいこと尽くめのラジオですが、それでも食事中に聴く時には注意が3つあります。

まず、子どもが好きなラジオ（幼児向けの歌など）を流すと結局、食事の手が止まってしまいますので、**流すなら大人向けに**しましょう。

二つ目の注意は、**親がラジオに夢中になってしまわないようにする**こと。ラジオを流しても、子どもとのコミュニケーションが第一優先ですから。

そして最後に、BGMが学習効率を低下させるなどの研究データもあります(4)ので、**ラジオの流しすぎは危険**ですよ。

42 お箸を使うのを急がせない
――「手づかみ食べ→スプーンやフォーク→お箸」と進むのが正解

まずは手づかみ食べで、歯の使い方を習得させる

私たちザ・ジャパニーズにとって、お箸は誇るべき文化のひとつですよね。豆をつまむ、ご飯をすくう、卵焼きを切る、ご飯を海苔で巻くなど、ただの二本の棒なのに、食べるための道具でこんなに万能なものはないように思います。

このお箸ですが、上手に使えるようになるためには、お箸を使うのを急がせないことです。

数を数えることに練習が必要なくらい、「食べ物を食べる」ことにも練習が必要です。そして実は、**お箸なんかよりもずっと難しいことがあります。それは前歯で噛み切って、奥歯でモグモグすること。**これができない子が、最近増えているといいます(1)。

大人はトンカツを食べる時、ある程度大きく切られたカタマリをひとつお箸でつまんで、自分が噛み砕いて飲み込める大きさに前歯で切ります。もし誤って大きすぎる量を口に入れてしまうと、噛むことができなくてアタフタしたり、噛めたとしてもいつまでも噛んでいないといけなくて、途中で嫌になったりします。

この**前歯で噛み切る能力は、手づかみ食べを経ることで育ちます。**道具を使う場合には、幼いうちはあらかじめ一口サイズに切ってあげてしまうことが多いので、前歯で噛み切る能力は育ちにくくなります。ただ、前歯をうまく使えないと、口の中にため込んだり、丸飲みしたり、嫌になって口からべーッと出したりしてしまいます。

手づかみ食べは1歳半から2歳頃が敏感期。お箸やスプーンをせかす必要は全くありません。前歯で噛む練習をする絶好の時期です。最初はたくさん口に入れすぎてオエッとなったり、食べ物で遊び始めたりもしますが、我慢我慢！　子どもは何でも、遊びを通じて習得します。これも練習の一環です。

手づかみ食べを始めたら、子どもが手で持って食べられるように、軟らかく煮た野菜スティックや果物やパンなどを用意してみてはどうでしょう。「自分で食べたい！」という欲求を満足させてあげましょう。

スプーンやフォークを使うことで、お箸を使うコツがつかめてくる

そして、**子どもが奥歯でうまく噛めないもうひとつの理由が、食べ物が硬すぎること。**大人の歯は全部で30本以上ありますが、子どもの歯は1歳代では16本、3歳までに一番奥の一番大きな奥歯が生えて乳歯が完成しますが、それでも20本しかありません。

噛む力は、3歳で大人の1／5、4～6歳で1／3です(2)。3歳がラクにカミカミできる硬さは、大人が親指と薬指でギューッとつまんで潰せる硬さが目安です。

ちなみに、噛めない時に目の前にお茶や水があると、とりあえず口にあるものを流し込んでしまい、丸呑みしていることに気づかないことも。本来、お茶は食後に飲むもの。**お食事中に飲み物は出さないようにしましょう。**

前歯で噛み切って、奥歯でモグモグするのが上手になったら、今度はスプーンやフォークを使って、自分の（まさに）さじ加減で刺したり切ったりすくったりさせてあげましょう。

持ち方もちゃんと順番に、最初は鉄棒を持つみたいな持ち方（パームグリップ）から、指を添えて手首を動かすようになり（フィンガーグリップ）、だんだん鉛筆の持ち方（ペングリップ）に変化していきます。**この過程でなんと都合のいいことに、お箸を持つために必要な指や**

手首の動かし方を覚えていきます。

何でもかんでも、順番、順番、順番！　**お箸はスプーンやフォークをペンのように持って、自由自在に食べられるようになってから**です。急ぐ必要はありません。子どもと一緒に、のんびり楽しく食べましょう。

Section3 テレビ、動画

43 適度なテレビやスマホ動画で、子どもも親も息抜き

——テレビやスマホの動画は、一切観せてはダメではない

大人が一緒に楽しむことで、子どもはどんどん学習をする

例えば、お兄ちゃんの習い事やら大事な打ち合わせやらに小さい子どもを付き合わせないといけない時や、なんだかもう疲れてしまって少し休みたい時、テレビやスマホの動画などを子どもに観せれば親はラクになりますよね。特に今の時代、スマホを観せないことにこだわりすぎると、少し息苦しく感じることがあるかもしれません。

一方で、子どもに観せていいのか、いいならどのくらい観せていいのかがイマイチよく分からないかもしれません。幼児期は、電子機器とどのように付き合うのがいいのか見ていきま

しょう。

電子機器に対しての日本での一般的な考え方は、ＡＡＰ（アメリカ小児科学会）が発表する指針の影響を強く受けています。ＡＡＰは以前まではなかば強引にあれもこれもダメ！と言っていましたので、日本でも「電子機器は子どもに有害」という考え方が広く受け入れられていました。

しかし最近の研究技術の進歩により、**子どもにとって電子機器はデメリットばかりでなく、メリットもあることが分かってきた**ことから、ＡＡＰは２０１６年に大きな方針転換を発表しました。

まずは電子機器のメリットについての研究結果を紹介します。子ども向け教育ＤＶＤやアプリは、文字や言葉、算数を楽しく学習できてとても便利ですよね。**18ヶ月までの子どもにはこれらの学習効果はあまり期待できないようです**(1)**が、18ヶ月以降では大人と一緒に楽しむと学習効果が高まる**ようです。

例えば22〜24ヶ月の子どものＤＶＤによる言葉の学習効果を調べた実験では、大人のサポートなしにＤＶＤを見てもその後のテストで62％しか正解できませんでしたが、大人と一緒に楽しく観ると、なんと93％も正解することができました(2)。このように、**大人のサポートに**

よって学習効率が高くなるという傾向はどの研究でも一貫していて、もっと年齢が上がっても同じでした(3)。

つまり、スマホのアプリを立ち上げて「どうぞご自由に」では効果は期待できませんが、親が一緒に楽しむ場合には18ヶ月以降には学習効果ありということです。一緒にテレビを観る場合には、ジッと座って無言で観ているのではなく、**テレビ番組に出演しているつもりになって、踊ったり歌ったりテレビと会話したりしながら楽しむのがいい**ようですね。

1歳半を超えたら、1日1時間までならOK

続いては、電子機器のデメリットについての研究結果です。アメリカではテレビを長時間観る子どもほど、肥満になりやすいというデータがたくさんあります(4)。これは、高カロリーなお菓子の広告を観て食べてみたくなり、今度はそのお菓子を片手にじっと座ったまま、またテレビを観るという悪循環も一因だといわれています。

日本では肥満はアメリカほど問題視されていませんが、おもちゃなどの広告による「あれ買って！」攻撃はやっぱり困りもの。日本でもアメリカでも、**広告は即、スキップするに限ります**ね。

また、**夜遅くに電子機器を観ると体内時計が狂ってしまう**という話や、**食事中に観ると食事

の手が止まってしまうという話はすでにお伝えした通りです。その他にも、長時間テレビを観る子どもは語彙力が低かったり、社会性が育たなかったり、感情的だったりするという報告もありますが、これらは親とのコミュニケーション不足も影響しているようです(5)。

同じく、**親がテレビやスマホに長時間夢中になるのも、子どもにとってはやっぱりストレス**です。親の電子機器の使い方を、将来、子どもはそのまま真似するようです(6)。将来、スマホばかり観てろくに返事をしてもらえなくなるのも悲しいですよね。子どもにやってほしい正しいスマホとの付き合い方を、今のうちからしっかり見せておきましょうね。

これら以外にもいろんな研究結果から、AAPが発表した主な指針は次の通りです。

- **1歳半未満では、ビデオチャット以外の電子機器の使用は控えましょう。**
- **1歳半〜2歳の子どもに観せるなら、良質なものを親が選んで一緒に観ましょう。**
- **2歳〜5歳でも最大、1日1時間。親も内容を把握しましょう。**
- **食事の時、ドライブの時、寝る直前などは電子機器の使用を控えましょう。**
- **子どもが自分のスマホを持つようになる前に、親が使い方のお手本を見せましょう。**

子どもが1歳半から2歳未満や、もっと大きくても学習効果を期待する場合は、テレビに出演しているつもりで子どもと一緒に楽しむのがよいですが、2歳以上になったら、大人の都合に付き合わせる場合や大人のリラックスタイムのために、テレビやスマホ動画を使ってもいいようです。ただし、最大1時間までというのは守りましょうね。

一方で、電子機器とはいっても、電子ゲームは脳内での過剰なドーパミン放出をうながしますので(7)、幼児はゲームに依存しやすくなります。**小学生になるまでは電子ゲームはできるだけ控えましょう**ね。

第3章

遊び

44 頭をよくしそうな遊びに興味を持たなくても、気にしない

――親が楽しそうに遊んでいれば、子どものほうから近寄ってくる

遊びとは本来、自分で選んで没頭するものである

抽象的思考力や、空間認知能力や、運動能力など、いろんな能力が遊びを通じて育つと言われると、できるだけ質の高い遊びを子どもにさせてあげたくなりますよね。指先を鍛えるためにせっかく買ってきたおもちゃで遊んでほしいとか、一日に1回はブロックで遊ぶ時間を作りたいとか、そろそろパズルに夢中になってほしいとか。

でもそうすると当然、子どもが遊びたいことと、親が遊ばせたいことが食い違うことだってあります。そんな時、親の「これで遊んでほしい!」というオーラが強すぎると、子どもはそれを敏感に察知してしまいます。だんだん自分が遊びたい遊びではなく、親が遊んでほしい遊びを待つようになって、子どもが親に「次、(自分は)何して遊べばいいの?」なんてことを言い出すようになったりもします。

つまり、親が遊びの種類にこだわりすぎると、子どもが「自分で決める」力が削がれるわけです。

そもそも、遊びって何でしょう。人はどんな時に、遊ぶのでしょう。遊び人、遊び半分など、「遊び」という言葉にはどちらかと言えばマイナスのイメージがあるようです。「遊んでないで仕事しろ！」なんて言いますが、「仕事」とはやらなければいけないこと。逆に「遊び」とは、やらなくてもいいことです。やらなくてもいいのに、自分の内側から「どうしても、やりたい！」という気持ちが湧き上がってくる時、人は遊ぶわけです。そして、そんな気持ちで始めるからこそ、本当に没頭することができます。

子どもの遊びとは、自分で決めて、それに没頭するための訓練なんです。遊べば遊ぶほど、全力を発揮する経験をしますし、自分の能力をもっと高めようと挑戦するようになります。

もちろん、まだ訓練が足りないうちは、長く没頭することはできないかもしれません。それでも自分で決めて遊ぶ経験を何度も続けるうちに、どんどん没頭するようになっていきます。

誰かに決められている限り、それは本当の遊びにはなりません。

楽天株式会社の創業者である三木谷浩史さんは「人間は遊ぶ動物なのだ。人間は遊んでいる時が、最大の創造力を発揮する動物なのだ。仕事を人生最大の遊びにできれば、人は誰でも有能なビジネスマンになれる」と言っています。これはつまり、遊びだからこそ全力を発揮し、挑戦し続けることができるということです。

子どもが夢中になっているのを見守ればいいだけ

また、広島大学大学院の幼児教育学者である中坪史典准教授は「遊びが子どもの学びや発達のための道具となってしまうと、ともすると私たちは、知らず知らずのうちに彼（女）らの主体性の芽を摘んでしまうことがあるかもしれません」と言っています(1)。

生後8ヶ月を過ぎたら、子どもは自分がやりたいことをして遊ぶのが一番です。そうしているうちに、「もっとやりたい！」という気持ちが湧いてきて、長く集中するようになります。**親はそれで一緒に遊んであげたり、子どもが一人で夢中になり始めたら、口出しせずに隣で好きなことをしたりしていればいい**んです。

では、**せっかく買ってきた頭や指先を鍛えるおもちゃはどうすればいいのかというと、まずはとりあえず親が遊びましょう。**子どものおもちゃだって、真剣に遊んでみると意外に楽しいものです。

そして**そのうち興味が湧けば、子どもは「やってみたい！」と自分で決めて近寄ってきます。**

シュタイナー教育を作り上げたルドルフ・シュタイナーは「ゼロ歳から7歳までの子どもは、

模倣衝動で生きている」と言っています。

4歳になるゆうきくんのパパは、子どもの教育にとても熱心です。ですがちょっと度が過ぎて、ゆうきくんは最近、パパが勧めるおもちゃに興味を持たなくなってしまいました。今日も、人形を積むおもちゃに誘ってみましたが、案の定、無視です。仕方なくパパが遊んでみたところ、バランスを取るのが大人でも意外に難しくて、どうしても最後まで積むことができません。

そこにゆうきくんがやってきましたが、パパが夢中になっていつまでもおもちゃを独占しているので、とうとう「ゆうきも、やりたい！」と泣き出してしまいました。大人げないパパでしたが、これがゆうきくんの遊びたい欲求を高めることに。これ以降、ゆうきくんの「積むブーム」にスイッチが入ったそうですよ。

45 ジコチューでも気にしない
——子ども同士でもみあうことで、子どもは大きく成長する

子ども同士のいざこざをすぐに止めると、子どもの成長を止めてしまう

子どもがお友だちと遊んでいると、たくさんのいざこざがありますよね。特に我が子がジコチューな態度でおもちゃなんかを独占していると、つい「お友だちにも貸しなさい！」なんて言って取り上げたくもなります。

でも**親が気にしすぎてあれこれ口出しすると、将来、「好きな仕事が見つからない」なんていう大人に育ってしまうかも**しれません。

文部科学省が発表した「2030年の社会と子供たちの未来」の中では、「2011年度にアメリカの小学校に入学した子どもたちの65％は、大学卒業時に今は存在しない職業に就くだろう」というニューヨーク市立大学大学院センターのキャシー・デビッドソン教授の言葉が引用されています。つまり、ＡＩによって仕事が奪われる分、新しい仕事が生まれるわけです。

それ以外の仕事も、今とは内容もずいぶん変わります。
最近、「AI時代に残る仕事」の話題をよく見かけますが、例えば、徳川幕府が築いた江戸時代の仕事が文明開化後の明治時代にはとたんに古臭くなったように、大正や昭和初期の頃の仕事の多くが平成には姿を消したように、昭和や平成初期生まれの今の大人が考える仕事で、新しい時代を生き抜くことは、多分できません。仕事は大きくなった子どもが将来、自分で決めるしかありません。

でも自分に合った仕事を見つけるのは、いつの時代も難しいことです。「運にゆだねられるのでは？」なんて思ったりもします。あらゆる仕事を試して、自分に最適なものを選ぶことはできないからです。

ですから実際は、自分の能力と興味に見合いそうな仕事を探して、とりあえず始めてみて、いざこざや我慢を経験しながらも、その中に楽しみを見つけていくわけです。これができないと、結局、全然楽しくない仕事に一日のほとんどの時間を費やすことになったり、まだ見ぬ「好きになれる仕事」を求めて職を転々としてしまったりします。

ヒトは本来、幼児期の遊びでたっぷりもまれたら、すぐに大人を手伝って働くのが常でした。幼児期のいざこざこそが職業訓練というわけです。**友だちとの遊びの中で鍛えられる、みんな**

がやりたいことに共感して、その中で自分も楽しみを見つけて動く力は、まさに仕事では大切なスキルとなります。

帝国データバンクが2017年に実施した「人材確保に関する企業の意識調査」では、企業が求める人材像のトップは「意欲的である」、第2位は「コミュニケーション能力が高い」です。今では大学進学率も60%近くとなり、社会に出るまでにたくさん頑張って勉強して他にもいろんなスキルを身につけるようになりましたが、結局、一番必要な力は幼児期の遊びで育つというわけです。

でも**大人がいざこざをすぐに止めてしまうと、子どもはいつまでもいざこざに対応する力が育たず、その結果、親はいつまでも仲裁しないといけないという悪循環に陥ってしまいます。**

ある幼稚園に通う、何かとトラブルを生んでしまうりかちゃん（4歳）のお話をします。11月のある日、りかちゃんと、ゆなちゃん、まおちゃんが砂場でお団子を作っていた時、ゆなちゃんが使っていた型抜きをりかちゃんが奪い取って……。

りか　これはりかちゃんの！

ゆな　ゆなちゃんのだよー！

りか　ちがうよ！　りかちゃんのだよ！　だからみんなは使っちゃいけないの！

まお　もう！　みんなで使えばいいでしょ！

ゆな　そうだよ、みんなで使わなくっちゃでしょ！（りかちゃんから型抜きを奪う）

りか　（ふくれっ面だが、無言で泥をいじっている）

3人以上で遊ぶと、ジコチューな行動に対して、まおちゃんのように**他の子どもが介入することがあります。**実はジコチューな子どもは、客観的な立場の子どもの介入で成長していくことが分かっています(1)。

りかちゃんもそうですが、型抜きを渡すことになって、嫌ならその場を離れればいいのに、たいていはその場にとどまります。型抜きで遊ぶことをあきらめることになっても、みんなと遊ぶことを自分で選ぶわけです。**みんなのやりたいことに共感して、その中で自分も楽しむ方法を見つける第一歩**となります。

子どもの年齢によって、親のとるべき行動も変わる

でも、「だから子どものいざこざはほっておこう」と言われても、自分の子どものジコチューな態度に、よその親の目を気にしないなんて無理ですよね。誰だって、我が子がおもちゃを取られているのを相手の親が笑って見ていたら、冷静ではいられないかもしれません。

例えば子どもがお友だちのおもちゃを奪った時、どうするのがよいのでしょうか。

まず、**子どもが1歳半未満の場合は、ためらわずに間に入りましょう。**この頃の子どもは、おもちゃを取られたお友だちが悲しいと察するのはまだ難しいので、子どもだけでは取りっぱなし、取られっぱなしになるだけです。でも悪気もないので叱っても無駄。「○○ちゃんに返そうねー」と優しく声掛けしながらお友だちに返させてあげて、子どもには別のおもちゃを渡してあげましょう。

1歳半を過ぎると、子どもはやってはいけないこともちゃんと理解していますし、お友だちの気持ちにも共感できるようになります。ですからむしろ**この時期は、親が相手の気持ちをきちんと言葉で教えてあげるチャンス。**

「17 3歳までの人助けは下手でいい」でもお伝えしたように、お友だちのおもちゃを奪ってしまった子どもには「おもちゃで遊びたい気持ち、分かるよ」と共感して安心させてあげたうえで、「お友だちも遊びたいから返してあげようね」と教えてあげましょう。

でも、**くどくどと叱ったり、ましてや「謝らないと、先生に怒られるよ」のような脅しは禁物。**2、3歳児は「ごめんなさい」を、怒られないための道具として使うようになると言われています。形だけ謝るよりも、共感する心が大事ですよね。何度も繰り返すようなら、違う遊びに誘ってみましょう。

さて。**４歳くらいになったら、いよいよいざこざから学ぶ時期**です。一緒に遊んでいる子どもの親が「子どものいざこざはほったらかしておこう」と分かってくれている場合なら、ぜひ**親はいざこざに口出ししないで見守りましょう。**うまく解決することが目的ではないので、お互いにプイッとなってもOKですよ。

でも、例えば**支援センターなどで知り合ったばかりの親子の場合、**もしかしたらいざこざをほっておいたら不快に思うかもしれません。もし一対一でのいざこざなら、**リスクを冒すほど子どもの学びも多くはないので、さっと介入してしまいましょう。**

一方で、何人かで遊んでいる時に子どもが誰かのおもちゃを奪ったら、介入するのは少し待ちましょう。他のお友だちが間に入ってくれるかもしれません。そしてお友だちから叱られた時こそ、子どもが大きく成長するチャンスです。みんなから叱られたら、心の中でガッツポーズ。**周りの親たちには「うちの子、ジコチューですみません」と、一言、声をかけておきます。**

そして、おうちに帰ったらその日の夜はしっかりと抱きしめて、慰めてあげましょう。こんな経験を積み重ねるうちに、３ヶ月もすれば変わっていきますよ。

46 遊んでばかりの幼稚園／保育園でも気にしない

――自由に外遊びさせる園ほど、頭も運動神経も発達する

勉強も運動もできる子どもが珍しくない理由

「外遊びに力を入れている園と、数や文字などの勉強に力を入れている園と、どちらに行くのがいいですか？」という相談を受ける時、私は迷わず「ぜひ、外遊び！」と答えています。幼児期に外遊びをたくさんすることで、なんと頭がよくなるんです。

例えば漫画「ドラえもん」に出てくる出木杉くんのように、勉強も運動も得意な子どもは漫画の中ではレアなキャラクターとして描かれることが多いですよね。でもご自分が子どもの頃を思い出してみても、勉強も運動もクラスでずば抜けてできる小学生は結構いたように思いませんか。運動も勉強もクラスで一番できる子も珍しくありません。

何となく、勉強と運動は真逆の才能であるイメージがあり、どちらも一番というのは不思議なようにも思うかもしれませんが、最近の研究から、これがちっとも不思議ではないことが分

かってきています。

例えば、生まれて間もなく脳のシナプスの数が爆発的に増えますが、大事なシナプスが強化されて思考が育つ時に不要なシナプスを減らすので、考えるための脳の部位（前頭前野）の灰白質がだんだん薄くなることが知られています。

そして、イリノイ大学のローラ・チャドック・ヘイマン博士たちの実験から、ランニングマシーンで測定した持久力の高い子どもほど計算力が高く、さらに灰白質も薄いことが分かりました(1)。また、持久力は記憶力や、記憶するための脳の部位である海馬の容量とも深く関係していることが分かっています(2)。つまり、**持久力が発達している子どもは脳も発達しているんです。**

このように、持久力をはじめとする運動能力が高いほど思考力が高いという傾向は、人間だけでなくラットなどの動物実験でももはや常識です。人間はずいぶんと発達し、考えている時は机に座っていたりするようにもなりましたが、そもそも、動物はエサを探したり敵から逃げたりなど、動いている時ほど考える必要があります。

脳の中で新しい神経細胞を生み、成長させ、死滅するのを防ぐ栄養物質は、よく動くほどたくさん放出されるという、運動と脳の仕組みも分かってきました(3)。高い運動能力と知能の関係はそもそも、動物の遺伝子に組み込まれているんです。つまり、**たくさん運動すると、脳の性能が高まる**というわけです。

1日に10分だけ、文字や数字と触れ合うだけでいい

そして当然ですが、**よく動く子どもほど運動能力が高くなります。**例えば、東京学芸大学の杉原隆教授は、幼稚園のクラスの先生たちに、「身をかわす」「捕る（キャッチする）」「掘る」など35種類の運動パターンを子どもたちがどのくらいするか聞くと同時に、運動能力テストを実施しました。すると、およそ8千人の子どもたちのデータから、運動パターンの種類や頻度が多いほど、運動能力が高いことが分かりました(4)。運動の経験と運動の発達が直接つながっているということです。

一方で、園で運動の技術指導をする場合、整列、準備運動、説明、順番待ちなどの時間が長く、実際に思いっきり体を動かす時間はほとんどないことから、毎日運動の技術指導をしている園と、特に指導をしていない園を比べると、**指導などせずに子どもの自由に任せている園の方がはるかに運動能力が高いという研究結果もあります**(5)。

そして、文部科学省が実施した「平成29年度体力・運動能力調査の結果」によると、小学校入学前に、一週間で外遊びをする日数が多ければ多いほど、10歳での新体力テストの得点が高

くなっていました。

つまり、幼児期にたくさん外遊びをすると運動能力が高まり、小学生になってもやっぱり運動が得意になるのです。そしてたくさん外遊びをしている子どもは脳も発達しています。ですから冒頭でもお伝えした、運動も勉強も得意な小学生がいるのは当たり前なんです。

もちろん、幼児期にただ外遊びしていれば勉強ができるようになるというわけではありません。例えば「5個作った泥団子を3個壊されちゃったので、残りが2個になった」というのは無意識に理解できますが、このような具体的な経験を「5－3＝2」と一般化、抽象化して意識的に頭の中でつなげる練習は、小学生になってからの算数をラクに理解していくためには必要です。

よく「幼児期から勉強をすると、小学校の勉強がつまらなくならないか？」という質問を受けますが、9歳までの子どもは自分がどんどんできることが楽しい時期であって、難しい問題が楽しくなるのは10歳を過ぎてからです。小学校に入学した時期の子どもは、できないことはつまらないんです。

ですから、**幼児期に一日10分だけでいいので、文字を読んだり書いたり、足し算や引き算の練習をしたりすることは、小学生になって勉強嫌いにならないためにはとても大事**です。

それでは、毎日体を動かして遊びまわるのと、一日10分だけ文字や数字に触れるのと、どちらを自宅でやって、どちらを園にお任せするのがよいのでしょうか。実は、答えは簡単です。**幼稚園や保育園では思いっきり外遊びするに限ります。**実際、親が毎日、遊ぶ場所や一緒に遊ぶお友だちを探すのは大変ですからね。

文部科学省が2012年に発表した「幼児期運動指針」では、外遊びの時間は毎日合計60分以上であることが推奨されていますが、暑い日も寒い日も子どもの遊びに付き合うなんて長続きさせるのは難しいですよね。幼稚園や保育園でお友だちや先生たちと毎日全力で遊べるなんて、こんなに恵まれた環境はありません。

一方で、幼稚園や保育園が小さい子どもたちのケアをしながら、勉強にも外遊びにも全力投球！なんていうことは、実際はとても難しく、勉強中心の幼稚園や保育園では外遊びが疎かになりがちであるのも事実です。

さらに、遊び中心で文字教育をしていない幼稚園、ドリルなどで文字の一斉指導をする幼稚園、遊びもほどほどに文字の指導もする幼稚園の年長児180人の読み書き能力の平均にほとんど差がなかったという報告もあります(6)。幼稚園や保育園は毎日が遊び中心でいいんです。

「うちの子の園はほんと、遊んでばっかりで……」だなんていう心配はご無用です。むしろ、人気を集めるために「お勉強、やっています！」と謳っていない分、愚直に子どもの発達を考えている園なのかもしれません。幼稚園や保育園の先生に感謝ですね。

47 ひっこみ思案でも心配しない

——違う年齢の子どもと遊ぶ機会を作ればいいだけ

性格は遺伝も関係するけど、環境で変えることができる

これからの時代、子どもの頃からしっかり自己主張してほしいなんて思ったりしますよね。例えば、ひとりずつ好きなケーキを選ぶ時、周りの子に遠慮ばかりした挙句、余ったケーキを受け取っている様子を見ると、ちょっと切なくなるかもしれません。おうちではチーズケーキにすぐに飛びつくくせに！

子どもの性格は、お父さんかお母さんの小さい頃にとてもよく似ているものです。ですからその親が今、ちゃんと主張できているのであれば、子どももいずれ主張するようになっていき

ます。そうはいっても、じっとしていられないのが親ってものですけどね。

ペンシルベニア州立大学の心理学者ロバート・プロミン教授は、生まれ持った遺伝子に環境の影響が加わって、その人の性格が現れると言っています⑴。つまり、**性格は環境や周りにいる子どもによって変わる**ということです。どんなに自己主張が強い人でも、さらに自己主張が強い人たちと順番にケーキを選ぶ時は、「お先にどうぞ」と思うかもしれませんし、転校と同時に性格がガラッと変わるというのもよく聞く話です。

自分の欲求や意志を相手に伝えて行動する「自己主張」と、自分の欲求や行動を我慢するべき時に我慢する「自己抑制」は、どちらも幼児期にどんどん成長していくことが分かっています⑵。

でもどちらもバランスよく成長するわけではなく、例えばアメリカの子どもは環境の影響で日本の子どもよりも自己主張のほうが先に発達したり⑶、同じ日本人の子どもでも自己主張と自己抑制の発達のレベルは一人ひとりデコボコだったりします。

そして、**ひっこみ思案な子どもは、自己抑制のほうが自己主張より先に発達している**んです。ですから、自己主張が自分よりも少し発達しているタイプの子どもと一緒になると、つい遠慮しがちになってしまいます。

とはいえ例えば、いつもおもちゃを「どうぞ」してばかりの子どもを見かねて間に入り、「どうぞしなくていいんだよ！」と言ってしまうのは、あまりよくありません。子どもはいつもの習慣で「どうぞ」してしまっているにせよ、自分で選んで行動しているわけです。

大人が仲裁する時は「どうぞしなくてもいいけど、どうする？」という風に、自分で選ばせてあげましょうね。それでも「どうぞ」するというのであれば、尊重してあげましょう。こんなことを繰り返しているうちに、だんだん自己主張もできるようになっていきますよ。

では、一人でももっと自己主張できる環境をどうやって作ればいいのか。オススメは、**自分とは年齢、つまり発達段階が違うお友だちと一緒に遊ぶ**ことです。

違う年齢のお友だちは、自己主張と自己抑制のバランスが自分とは全然違います。例えば年下のお友だちは、自分よりももっと自己主張がうまくできません。ですから年下のお友だちと一緒に遊んでいると、普段はなかなか自分の意見を言えないタイプの子どもでも、自信を持って「これにしよう！」と言いやすいんです。もちろん、年下のお友だちは無茶なわがままを言うこともありますが、その場合も「相手は小さい子だから、自分は我慢してあげたんだ」という風に納得することができます。

逆に、年上のお友だちは自分よりももっと自己抑制が発達していますので、年上のお友だちと一緒にいる時は例えば、ケーキを先に選ばせてもらえるかもしれません。さらに、年上のお友だちは遊びをリードするのも上手ですので、同じ年齢の子どもと遊ぶ時にはできないような遊びも経験できます。

親にとっても、**同じ年齢のお友だちに対しては「あの子はあんなに自己主張できるのに……」などとつい比べてしまいますが、年齢の違うお友だちだと比べにくいので、余計なストレスを感じることもありません。すると親も子どもも、のびのびと過ごすことができる**わけです。たまには子育て支援センターなんかに足を運んだり、幼稚園や保育園の違う学年のお友だちと一緒に遊んだりして、ちょっと違う刺激を味わってみるのもいいですね。

第4章

学習

48 幼児教室には行かなくていい

――子どもが自宅学習する習慣は、親が必ずかかわらないといけないから

「勉強しなさい！」と言われて、喜んで勉強する子なんていない

周りのお友だちがお勉強系の幼児教室に通い始めたなんていう話を聞くと、幼児期から塾なんて!?と思いますよね。でも小学校に入って集団の中で勉強する準備のためにも、通わせたほうがいいのかしらと焦ったりもします。

でも、です。**小学校で学習する土台を作るためであれば、幼児教室に行くのはむしろ逆効果**になる場合があります。

公立小学校の授業内容は、学習指導要領に沿っています。学習指導要領が最初に作られたの

は昭和33年で、以降、およそ10年に一度、改定されています。

昭和43年度版はかなり学習する内容が多かったため、いわゆる「落ちこぼれ」を生む結果になりました。これにより詰め込み教育が批判され、昭和52年度版から少しずつゆとり教育がスタートしました。平成元年版、平成10年度版と、学習する内容がどんどん減っていきました。

ゆとり教育の中で、読み書き計算の反復練習は時代遅れだと軽視されましたが、平成15年、平成18年に行われた、国際社会で活躍するための基礎学力測定テストである「ＰＩＳＡ」で日本の順位が大きく落ち込み、これが社会問題に発展しました。

そして、基礎学力の大切さを思い知った結果、読み書き計算の反復学習がなんと宿題として復活したんです。つまり、**今の、そしてこれから小学生になる子どもたちはたっぷりと宿題を持って帰ってきます。**学校での授業の内容を深めるためにも、地道な積み重ねは自宅でお願いね、というわけです。さらに宿題には、家庭での学習習慣をつけるという狙いもあります。

もちろん、文字を練習したり計算練習をしたりと、内容は決して難しくありませんので、真面目に取り組めば15分ほどで終わります。でも小学校に入ったばかりの子どもは、ほったらかしていてもパパッと宿題を片付けるということにはなかなかなりません。この時、頭ごなしに「宿題しなさい！」と言ったところで子どもは勉強なんかしないこと、でもモチベーションさえ上がれば子どもは集中できることなど、誰もが頭では分かっています。

親がいい具合に声掛けして、子どもに「自分でやると決めて、ちゃんと終わらせることができた！」と思わせてあげさえすれば、子どもに「自分は宿題をちゃんとやる子だ」という自己イメージができますので、あとは一人で勝手に取り組むようになります。

でもその声掛けが難しいんです。だからといって失敗するわけにもいきません。

来たるべき日のために、具体的にどうすればいいのかを実戦形式で親が学ぶ絶好の機会が幼児期です。遊びを通じて子どもの興味を膨らませたり、文字や数に関心を持てるように導いたり、子どもをよく観察してヤル気を引き出したりする言葉がけを、自然に、当たり前にできるようになれば、子どもが小学生になった時に苦労することもありません。

しかし幼児教室にお任せすると、親がうまくできなくても幼児教室が子どものスイッチを入れてくれますから、親が十分に腕を磨くことができません。すると小学生になってから子どもの集中のスイッチをうまく入れてあげることができず、「いいから宿題しなさい！」と怒鳴ることになりかねません。でも全てを一生、塾などに任せ続けるわけにもいきません。

確かに幼児教室はとても楽しく、子どもにとってよい経験になるかもしれません。また、小学校受験をするためのノウハウを教えてもらうためにも、幼児教室はとても有効です。子どもの興味を膨らませるのにどう声掛けしていいのか分からない時に、ちょっと体験してみるのも悪くないかもしれません。ですから、通う目的によっては、もちろん絶対にNGというわけではありません。

でも、小学校で学習するための自信や積極性や協調性は、親子の呼吸を合わせて一緒に育んでいくべきものです。この経験で、何より親が飛躍的に成長します。幼児教室はあくまでも、目的に合った使い方をすることが大事ですね。

49 子どものそばで自分が好きな本を読むだけでも、立派な教育になる

——親が本を楽しむ姿を見せれば、子どもも本好きになってしまう

国語力は読んだ本の数に比例する

抽象的な言葉を頭の中で具体的な言葉に置き換えて理解したり、いろんな具体的なことから「つまり○○だ！」と一般化して考えたりなど、大人はみんな、考える時に言葉を使います。「国語力が大事」とよく言われますが、国語力とはこのように、見たり聞いたりした言葉を理解したり、言葉を使って新しい考えを生み出したりする力です。つまり**「国語力＝考える力」**です。

でも、例えばマルバツで簡単に点数で表せる計算力や、走る速さなどで数値化できる体力と

違って、国語力を数値で表すのは簡単ではありません。ですから子どもの国語力がどのレベルなのか、安心していていいのか悪いのか、少し不安になりますね。

子どもの国語力のシンプルな目安は、読む本や絵本の冊数です。子どもだって国語力が高いほどお話を楽しむことができますから、どんどん絵本が好きになって「読んで！」と持ってくるようになります。もちろん、読めば読むほどさらに絵本に夢中になります。

イギリスの心理学者であり、現在、オックスフォードのセントジョンズ大学の学長でもあるマーガレット・ジャン・スノーイング博士たちが、4歳の子どもたちを2年間追跡調査しました。その結果、**小学生になる頃に「本を理解する力」は、幼児期の「文字の知識」「音韻《おんいん》意識」「語彙力」の3つで予測できる**ことが分かりました(1)。

一つ目の「文字の知識」とは、日本の幼児の場合、ひらがなの知識です。ひらがなは清音46字と、「が」などの濁音《だくおん》、「ぱ」などの半濁音を合わせて全部で71字です。

さて、このひらがなを読むことができるようになって「い」と「ぬ」がそれぞれ分かっても、この2つをつなげるとワンワンと吠《ほ》える犬を表すことが分からないと、文字からイメージを呼び起こすことができません。これが**二つ目の音韻意識**です。大人にとってはとても簡単に感じられますが、**いくつかの文字が組み合わさってひとつのものを表すという概念**がない子どもには、なかなか難しいことなんです。

そして最後に、**「語彙力」とは知っている言葉の多さ**です。

幼児期に本好きになれば、小学生以降も本好きが続く

子どもは文字で読むよりも耳から言葉で聞くことに慣れていますので、はじめは「いぬ」を声に出して読んで、耳から聞くことで犬がイメージできるようになります。そして成長するにしたがって、「いぬ」という文字を見ただけで自動的に犬がイメージできるようになります。

この例が、脳トレなどで話題になった**「ストループ効果」**です。例えば大人は「文字が何色《なにいろ》のインクで書かれているか」を答えるのに、赤いインクで書かれた「赤」を「アカ」と答えるのは簡単ですが、赤いインクで書かれた「黒」は「アカ」ではなく、つい「クロ！」と答えてしまいます。でも、**このテストについ引っかかってしまう人は、文字から自動的にイメージが呼び起こされるので、読むスピードが速い**わけです。

そして、日本の年長の子どもたちについて調べた結果、ひらがなを60字以上マスターした子どもには幼児期でもひらがなのストループ効果が見られました。画面に表示された絵の名前を答えるテストで、スイカの絵の上にこっそり『めろん』と書いておくと、文字を見た瞬間につい メロンをイメージしてしまい、『スイカ』と即答するのが難しくなるわけです。ちなみに、

『まうも』など意味のない文字の場合はイメージが呼び起こされないので、あまり影響はありません(2)。

そしてこのような子どもは、本を読むスピードも速いことが分かっています。ですからどんどん本を読むうちに知らない単語にも出くわしますが、**たまに分からない言葉が存在する程度であれば内容から言葉の意味がだいたい分かるので、さらに語彙力が増えていきます。**

公益法人全国学校図書館協議会の調査では、小学4～6年生が2018年5月の1ヶ月間に読んだ本は平均10冊でしたが、本を全く読まない子どもも8・1％いました。

そして少し古いデータですが、**月に10～20冊読む子どもは、小学校を卒業する頃には2万語程度の語彙力を身につけていたのに対し、ほとんど本を読まない子どもが小学校を卒業する時の語彙力は8千語でした。**そして、**小学校の間に本を読まない子どもは、小学校に入学する時の語彙力が低い子どもでした**(3)。

つまり、**幼児期に「文字の知識」「音韻意識」「語彙力」の3つの力をきちんと育ててあげることで、本を楽しむことができるようになれば、小学校に入学する時にしっかりとした語彙力がつきます。するとあとは勝手に本好きになっていき、これによって言葉を理解したり、言葉を使って考えたりする国語力がちゃんと育っていく**わけです。

そして**「文字の知識」「音韻意識」「語彙力」の3つの力を育てる方法はちっとも難しくありません。**次からの項でこれらの発達について説明します。

ただし、子どもが本好きになり、本を理解する力をどんどん身につけるために、何よりも大事なことがあります。読書はスキルですから、他のスキルと同じように、やればやるほどうまくなります。**そのために、親が本を読むことです。**

あやちゃん（6歳）のおうちには昔から、週末の午前中には読書タイムがあります。ママはファッション誌や育児書、パパは趣味のＤＩＹや漫画や、ママから勧められた育児書などを読んでいます。読書タイムはみんな、自分の好きな本に夢中でかまってくれないので、あやちゃんはいつしか自分も好きな本を開いてパパやママの真似っこをするようになりました。当然のように、今では大人も驚くほどズッシリ重たい本を、いつも夢中で読んでいます。

「夜はお風呂に入るのが当たり前」と言って育ててあげればそうなるように、「時間があれば本を読むのが当たり前」と言って育ててあげれば、必ずそうなります。もしもこの本を、子どもが寝たあとで読んでくださっているのであれば、明日は子どもが遊んでいるそばで読んでみてはいかがでしょう。

50 文字を無理に書かせなくていい

――文字の知識を増やすには、読むことだけをまずは考えれば十分

まずは5文字ちょっとを覚えることを目指せばいい

国語力を伸ばすために幼児期に大切な3つの力の一つ目、文字の知識について説明します。**日本の幼児の場合、全部で71字あるひらがなを覚えること**です。

「あ」はアという音を表す記号です。ひらがなを覚えるとは、日本語を組み立てている音を表す記号をひとつずつ覚えるということです。

これはとても大変に思えるかもしれませんが、**ひらがなを読めるようになるよりずっと前から、子どもは記号を扱うことにはずいぶん慣れている**んです。0歳の子どもでも、本棚に立っている背表紙だけを見て、それが自分の好きな絵本であることが分かります。このようなものの一部も、ものの全体を意味する記号です。

また、その絵本には顔のある車の絵が描いてあったりして、本物とは似ても似つきませんが、

これも車を記号化したものです。また、繰り返し読んで覚えてしまった絵本を持ってきて、「読んであげる！」といって文字を読んでいるふりをしながら暗唱してくれることもあります。こうなったらもう、その絵本に書かれた文字（文章）にはだいぶ深くなじんでいますから、ひらがなを覚える準備は万端です。

１２０２名の幼稚園児、保育園児が読むことのできるひらがなの数を調べた国立国語研究所の調査によると、20字や40字など中途半端に読める子どもはとても少なく、多くはほとんど読める（60字以上）か、全く読めない（４字以下）かのどちらかでした。

つまり、**５字以上読めるようになればあっという間にほとんど読めるようになる**ということです。そしてこのようにひらがなを一気に覚えるのは４歳頃が多いようです(1)。４歳といえば、知性の中枢である脳の前頭前野が急速に発達し始める時期。つまり、この時期にちょっとしたきっかけさえあれば、子どもはひらがなを一気に覚えてしまいます。

身近なものに書かれた名前こそ、ひらがなを覚えるきっかけとなる

ではそのきっかけとはなんでしょう。４歳から６歳の子どものひらがなの覚え方について調査した結果、**４歳の時点ですでにひらがなを覚えていた子どもは、自分のものやお友だちのも**

のに書かれた名前の字で覚えたパターンが最も多かったという調査結果があります(2)。

例えば、ひなたくんが「ぼくのものには『ひなた』って書いてあるなー」と思っている時に、お友だちのひかりちゃんのものにも「ひ」が書いてあるのを見ることで、「ひ」がヒという音を表すことに気づき、間もなくひらがなブームに火がつくという風になるのです。

もうすぐ4歳になるあやかちゃんのお母さんはこのことを知り、洗面台の鏡の、ちょうどあやかちゃんの顔が映るそばに「あやか」と大きく書かれたシールを貼ってみました。そのうち楽しくなってきたので、同じシールに「といれ」「かいだん」「れいぞうこ」などと書いて、トイレや階段や冷蔵庫など、いろんなところに貼ってみました。いつしかあやかちゃんもおうちの中のシール探しが楽しくなり、見つけるたびに「ママ、これは?」「これは『と・い・れ』よ」などと言って遊んでいるうちに、間もなくひらがなを全部覚えてしまったそうです。

それと、日本では読むことと書くことを「読み書き」とまとめて言ったりしますが、**幼児期に必要なのは読む力であって、書く力はそれほど重要ではありません。**

無理にひらがなを書かせようとして、文字を見るのも嫌!という風にならないようにしてあげましょうね。幼児期はなんだって、楽しく、楽しく、ですよ。

51 赤ちゃん言葉で話しかけるだけでもいい
――音韻意識を育てるのに、赤ちゃん言葉が大きく役立つ

赤ちゃん言葉こそ、子どもの国語学習の入り口として最適

国語力を伸ばすために幼児期に大切な二つ目の力、音韻意識について説明します。

文字の拾い読みから抜け出して、「い・ぬ」という文字のつながりが犬を表すことが分かるようになるためには、まずは**耳から聞いた言葉の音のつながりを意識する必要があります。これが音韻意識です。**これはまだ言葉の経験が少ない幼児には難しいことですが、そんな幼児の**音韻意識の発達に最適なのが、赤ちゃん言葉**です。

子どもと話しているとつい「わんわん」とか「まんま」などと赤ちゃん言葉を使ってしまうものです。赤ちゃん言葉のように、**子どもに向けられる特別な言葉はマザリーズと呼ばれます。**

ジャパン→ジャパニーズに対して、マザー→マザリーズ、というわけで、子育て中のお母さん

が使う言葉という意味ですが、もちろん、お父さんも使います。そしてほぼすべての国や文化が、独自のマザリーズを持っています。

マザリーズは一般に、短く、音の組み立てが単純で、聞き取りやすくできています。例えば「おかあさん」は文字数も多く、言葉の区切りも子どもにとっては難しいものですが、これに比べて「ママ」が「マ」ではじまり、二文字で成り立っていることは、子どもにははるかに分かりやすいわけです。さらに子どもが真似しやすいのも特徴です。50％の子どもが言えるようになるのは、「ママ」がおよそ1歳半なのに対し、「おかあさん」は2歳過ぎという調査データもあります(1)。

また、「わんわん」や「ブーブー」のように「ん」や「ー（音引き）」で終わる、「くっく」などのように、小さな「っ」を挟んで同じ音を繰り返す、など、小さな子どもでも音韻を理解しやすいための分かりやすいいくつかのルールがあります。

しかも、音のリズムもよく、子どもが音韻を楽しむにはもってこいです。いろんな音に囲まれている日常生活の中で子どもが言葉を獲得していくためには、マザリーズはとても大切な役割を果たしているんです。

大人は子どもに対して、自然とマザリーズで話してしまうものです。そしてこれは、子どもの音韻意識の発達を促すための、ヒト共通のメカニズムだと考えられています。

音韻意識が育ち始めた目安は、「い・ち・ご」の音に合わせて手を3回たたくなどの遊びができるようになることです。続いて、文字の最初の音と最後の音が分かるようになり、だんだんしりとり遊びができるようになっていきます。

そうして音韻意識が育ち、ひらがなも覚えてしまうと、いよいよひらがなで書かれた単語を認識できるようになっていきます。本格的に、自分で本を読む世界に足を踏み入れる瞬間です。さらに文字を見て自然にイメージが浮かぶようになれば、ひとりで絵本を読んで内容を理解できるようになっていきます。

誰もが認める読書好きに育ったしゅんたろうくんが最初に一人読みに夢中になった本は、ストーリーのある絵本ではなく、『アンパンマン大図鑑』（やなせたかし他／フレーベル館）です。大好きなアンパンマンのキャラクターに書かれた名前を何度も読んでいるうちに、文字をカタマリでパッと理解する能力が相当磨かれたようで、いつの間にか親もビックリするほどのスピードで本を読むようになっていきました。

好きこそものの上手なれ、とはこのことですね。

52 子どもの返事は5秒待つ
――リラックスしたテンポで会話を楽しむのが、子どもの語彙力アップに最適

生後20ヶ月までは言語処理が未熟だから心配しないで！

子どもって「どこでそんな言葉、覚えたの!?」と思うような言葉を知っていることがありますよね。子どもはどうやって語彙を獲得していくのでしょうか。

生後1年前後になると、初語《しょご》が聞かれることが多いようです。でも、「今、『ママ』って言った!?」なんて喜んでいたら、以降、ピタリと喋らなくなり、勘違いだったのかなと思うこともよくあります。そして待つこと数ヶ月、再び話し始めたと思ったら、今度は足が4本ある動物をみんな「ワンワン」と呼んだり……。なんだかとても不安定です。

大人の場合、右利きの人の97%、左利きの人の69%は、言語を主に脳の左半球で処理することが知られています。ですが、**17ヶ月未満の子どもの言語処理はあまりに未熟**で、脳の左右差もほとんどありません(1)。ですからこの時期の子どもの語彙の増加はとてもゆっくりですし、

なかなか定着せずに消えてしまったりするようです。

ところが、大人と同じく言葉を左半球で処理し始め、言語に関わる脳システムが効率的になってくる**20ヶ月頃から、語彙力アップの爆発期がスタート**します。ここから小学校に入学するまでに2千~7千語を覚えるといわれていますから、1ヶ月に30語以上、多い子は100語以上というハイペースで言葉を覚えていくわけです。すごい学習能力です。

1歳半から小学校入学までの子どもは、新しい言葉が聞こえるのをワクワクしながら待っています。スタンフォード大学の心理学者デービッド・A・ボールドウィン教授の実験では、おもちゃに夢中で遊んでいる子どものそばで大人が「あ、トマだ!(トマは架空のものの名前)」と、別のおもちゃを指差しながら叫んだところ、9割以上の子どもがすかさず、大人がどれを見て「トマ」と言っているのかを確認したそうです。

また、エモリー大学の心理学者マイケル・トマセロ教授たちの実験では、2歳の子どもに対して大人が「トマはどこにあるかなー」と言いながらいくつかのバケツのフタを開けてはがっかりして見せ、最後のバケツを開けてちょっとガッツポーズしながら、中身を取り出して子どもに渡して見せると、「これがトマだよ」とは言われていないのにもかかわらず、その後のテストでちゃんとこれを「トマ」として覚えていたそうです。

語彙力アップの爆発期の子どもは、大人の仕草や表情など、ありとあらゆるヒントを頼りに

語彙を増やそうとしているわけです。

子どもにどんどん話しかけよう。でもゆっくりとがコツ

では、このような地道な努力が見事に実を結び、強固な語彙力を獲得するのはどんな子どもでしょうか。これまでのたくさんの研究から、**単語を聞いてそれが何かを認識するスピードが速いほど、語彙力の成長が早い**ことが分かっています(2)。同じ「知っている」でも、聞いた瞬間にピンとくるか、「なんだっけ……」と考えてから分かるかで、数年後に獲得している語彙量は全く違うということです。学生でも授業中、先生の説明で何か分からない言葉にひっかかると、その後の話についていけなくなるのと同じです。

では、子どもの言葉認識スピードをアップするために、親はどうすればいいのでしょう。

幼児言語研究の第一人者であるスタンフォード大学のアン・ファーナルド教授たちが、まだ言葉をしゃべりたての1歳半の子どもについて調べたところ、**普段からあまり話しかけられない子どもは、たくさん話しかけられている子どもよりも、言葉に反応するのにおよそ1・2倍長い時間がかかる**ことが分かりました(3)。そしてこの差が、語彙力の大きな差になるわけです。

アン・フェルナルド教授たちの別の調査では、似たような生活水準の家庭の中でも、例えば一時間に50語しか子どもに話しかけない家庭もあれば、1200語（1分間に20語）話しかける家庭もありました(4)。これは例えばお散歩の時、たまに「危ない！」「ダメ！」と注意する以外はほぼ無言なのか、「次の角を右ね。あ、みて！ ちょうちょだ！」などと話しながら歩いているかの違いです。ちなみに、「次／の／角／を／右／ね。／あ、／みて！／ちょうちょ／だ！」で、もう10語です。こんなたわいもない会話の積み重ねで、その後の子どもの語彙力が全然違ってくるんですよ。

そして、**たくさん話しかけられる子どもは、自分もたくさんお話しするようになるのですが、これが語彙力アップに効果的**のようです(5)。あの手この手で知っている言葉を並べて「伝わった！」という経験を何度も繰り返すことで、子どもの脳に語彙が定着しやすくなるわけです。

でも子どもは考えるのに時間がかかりますから、大人の普通のテンポで話しかけていると、子どもがしゃべるチャンスがありません。子どもとの会話のキャッチボールは、言葉を投げ合うのではなく、言葉を転がしあう感じがベスト。**親ばっかりがドンドンしゃべり続けるのではなく、一度、言葉を子どもに向けて転がしたら、帰ってくるまで5秒は待ってみましょう**ね。

53 子どもの知育に迷ったら、絵本を読んでおけば間違いない

――絵本によって子どもの知能も、親の子育て力もアップする

実体験ではなく、絵本でこそ鍛えられる想像力がある

日本では2001年に「子どもの読書活動の推進に関する法律」が公布され、全国の市区町村の約6割が、赤ちゃんのいるおうちに絵本をプレゼントする「ブックスタート」プログラムに参加しています。法律までできるくらいですから、幼児期に絵本を読んであげることはとても大切なんです。

「絵本を読んで、経験した気になる」という話を聞くことがあるかもしれませんが、何でも経験できるわけではありません。巨大なゾウの迫力やテントウムシが手に止まったドキドキ感なんて、実際に経験しないと分かりません。でも、登場人物に共感するという経験は、絵本を通じて体験することができます。

共感とは例えば、転んで泣いているお友だちを見て自分もなんだか悲しくなるという感覚です。共感によって、お友だちを慰めたい気持ちが湧いてきます。

そして、絵本の中で子どもが転んで泣いているのを見て、自分も悲しい気持ちになるわけです。**絵本では、現実の世界では経験しきれないほどたくさんの「共感」を経験することができます。そして共感によって優しい子どもに育ちます。**

さらに、**本物の経験ではなく、絵本だからこそ育むことができるものもあります。**

まずは**想像力**です。例えば、絵本のウサギの絵を見ながら「ウサギがぴょんぴょん跳ねました」という言葉を聞いた時の子どもの脳は、現実にウサギを見ている時とは全く違った反応をします。現実にウサギを見ている時は、事実を吸収することに全力で、想像の余地はあまりありません。

でも絵本を読んでいる時は、想像力を駆使して頭の中で絵本のウサギをぴょんぴょん跳ねさせることで、内容を理解することができます。頭をフル回転して、自分なりの現実を頭の中で作り出しているんです。ある実験では、1歳半から2歳半の子どもがお母さんと一緒に『どんどこ ももんちゃん』（とよたかずひこ／童心社）を読んでいる時、考えるための脳の部位（前頭前野）がとても活発に動いていたそうです[1]。

そして、絵本を読んでいる時の子どもは、内容を想像して楽しんでいますから、想像できないとつまらなくなります。想像とは、過去の自分の経験をつなぎ合わせる作用ですから、自分の経験とかけ離れたことは想像できません。

なお、子どもは想像力が高いなどと言われることもありますが、過去の経験のつなぎ合わせ方が突飛なだけ。経験の数が少ないので、実際のところ想像力は未熟です。

ですから、**あまりに未知の内容の絵本を読んでも想像できません。子どもの想像力を掻き立てるためにも、絵本は子どもがちょうど楽しめるものにしてあげましょう。**

そして「もう一回読んで！」と言った時は、子どもがたくさん想像できて脳が大満足したということですから、ぜひ、何度も読んであげましょうね。

絵本で、読む力、知能、語彙力が一挙に身につく

さらに、**絵本によって文字を読む力の基礎が育まれます。**とはいっても、眼球運動を測定した実験から、文字を読める子も読めない子も、絵本を読んでもらっている時はほとんど文字を見ていないことが分かっています(2)。でも、それでいいんです。

例えば絵本に描かれた犬の絵が実物とは全然違っていても、大人はそれが犬だと分かります。絵とは実物の犬の特徴だけを抜き出して、記号化、抽象化したものです。そしてもっと抽象化したものが文字です。この本は1ページにおよそ600字が書かれていますが、絵本の1ペー

ジいっぱいに描かれた絵にも、数百字分の内容が詰まっているんです。

ですから絵本を読んであげる時、子どもは絵をじっくり読んでいます。これが、**ゆくゆくはさらに抽象度が高い「文字」を読む力の土台になります。**福音館書店で『こどものとも』を創刊し、編集長を務めた松井直さんは、一冊の絵本を手に取って「皆さんはこの本が絵本だと思われるでしょうが、これは絵本の入り口。（中略）子どもは絵を読む。絵の中にある言葉を読む。そしてまったく同時に耳から言葉の世界を体験する。耳から聞いた言葉と目で見た言葉が子どもの中で一つになる。そこに絵本ができる」と言っています。

このように、**絵本は子どもの脳を活発に動かすので、当然、知能が育ちます。**

『クシュラの奇跡～１４０冊の絵本との日々』（のら書店）の著者であるドロシー・バトラーの孫娘クシュラは、重度の染色体異常のため、生まれた時から手足を自由に動かせず、目の焦点もほとんど合わず、病気がちで、何度も危篤《きとく》状態になるほどでした。

ですが、母親のパトリシア・ヨーマンは、クシュラが生後４ヶ月の時、顔にくっつけるようにしてあげれば絵本を見ることができることに気がつき、以降、ほとんど遊ぶこともできないクシュラとの長い時間を過ごすために、たくさんの絵本を読みました。その結果、生後17ヶ月では言語が完全に健常児のレベルになり、視覚も聴覚も機能が不十分でありながら、絵本を通じて活発な知性が育まれたそうです。

絵本を読んでもらうことは、子どもの知性を伸ばす最高の教育なんですね。

そしてさらに、**絵本を読むことで語彙力がつきます。**親子でいろんな会話をしていても、実は使われる言葉の種類はそれほど多くはありません。

でも絵本には、普段は使わない言葉がたくさん含まれています。例えば、分からない単語をクドクドと説明しなくても、ただ絵本を2回読むだけで新しい単語の16％を、4回読むと23％を獲得したという報告もあります(3)。

このように、絵本の中の素敵な言葉を親子で一緒に、しかも繰り返し読むことで、自然と生活の中で使うようになり、いつの間にか身についていくわけです。

昔からずっと売られている絵本がオススメ

さて、ここまで絵本のメリットを書き連ねてきましたが、なんといっても**絵本を読んであげることの最大の効果は、子どもが親からの愛情をたっぷりと実感できること**です。よかったらぜひ、奥さん、旦那さんの膝の上でご自身が絵本を読んでみてもらってください（この時、文字でなく絵を読んでみてくださいね）。信頼する人のお膝の上で絵本を読んでもらい、楽しさを共有するのは最高に幸せです。

片手間におもちゃで遊ぶことはできても、片手間に絵本は読めません。ですから**絵本を読んであげている時は、おもちゃで一緒に遊んでいる時よりも、親子間での会話が増えることも実験で示されています**(4)。そして先ほどの『どんどこ ももんちゃん』を使った実験でも、親子がたくさん会話している時ほど、子どもの脳は活発に動いていました。脳も大はしゃぎです。

さらに、絵本をたくさん読むことによって親にもよい効果があります。

同志社大学心理学部の研究者たちは、健診に訪れた親子を2つのグループに分け、片方のグループには3ヶ月間、毎日絵本を読んであげるように伝え、もう一方のグループは比較として、特に何も伝えませんでした。

1週間に絵本を読んだ時間は、前者である絵本グループは平均98分（1日14分）、後者である比較グループは平均35分でした。そして3ヶ月後に親子が遊んでいる場面を観察した結果、絵本グループの子どもはより主体的に遊び、かつ、絵本グループの親は子どもをよく観察して、子どもが喜ぶ声掛けをたくさんすることが分かりました(5)。

絵本を通じてゆったりと子どもに向き合う中で、親も成長していくんですね。

では、絵本をどのように選ぶのがよいのでしょうか。

1年間に日本国内で出版される絵本は約2000冊です。この中で、最初に印刷したものが売り切れて増刷になる、つまりたくさんの人が楽しむ絵本は40冊ほどだそうです。そして売れない絵本は書店から姿を消し、出版社に返品されてしまいます。

ということは、ずいぶん昔に出版されたのにまだ書店にある本は、たくさんの人に愛されて増刷を繰り返しているということです。ぜひ、絵本の一番後ろのページの発行日と、刷られた回数を見てみてください。例えば超ロングセラーの『はらぺこあおむし』（エリック＝カール、もりひさし／偕成社）は1976年に出版され、すでに500刷を超えています。10刷もいけば大ヒットですから、500刷という数字は飛びぬけています！

新しい本でも素敵な本がたくさんあるのは事実ですが、そうでない本がたくさんあるのもこれまた事実。**発行年が古くても、増刷回数が多い本は、内容を知らずに選ぶには失敗が少ない**ですよ。

子どもの知育のためにとあれもこれも続けるのは大変ですし、子どもの生活のリズムも変化しますから、なかなか思うようにいかないこともあります。

それでも絵本さえ読んでいれば、子どもの発達に必ずプラスの効果がありますので、焦らずに済みますよね。子どもの知育に迷った時は、とりあえず絵本を使ってみましょう。

54 小学校に入るまでは作文を書かせない

――絵を楽しんで描かせることから先に始めたほうがいい

文章を書くというのは、実はかなり高度なことである

幼稚園のイモ掘りから帰ってきた日。掘ったおイモがウサギの形だったこと、このおイモに顔を描いてみたこと、そしたら食べるのがかわいそうになったことなどを、子どもがとても楽しそうに話してくれたりします。「こんなにお話が上手なんだから、作文を書かせたらコンクールで入賞できちゃうかも?」なんて思うかもしれませんが、原稿用紙を前にすると、子どものペンはちっとも進まないものです。

作文でよく「話すように書けばいい」と言われますが、実際は**書き言葉は話し言葉よりも成長が数年遅れるのが普通**です。小学校高学年になれば、話し言葉は自由自在に使えますが、書き言葉は未就学児の話し言葉レベルということも少なくありません。これはなぜなんでしょうか。

ロシアの心理学者レフ・ヴィゴツキーによると、幼児期の話し言葉は、見たものや感じたこと、誰かから言われたことに対して、ほとんど無意識に反応しているそうです。ですから例えば、川に浮かぶ落ち葉を見て「小さいから浮く」と言ったり、海に浮かぶ船を見て「大きいから浮く」と言ったりなど、ツジツマが合わないことも平気で言います。

そして3、4歳頃になると、ブツブツと独り言を言うようになります。これは言葉を思考のために使うようになった証拠です。まだ頭の中だけで考えることが難しいので、声に出してしまうんです。この時はじめて、言葉を意識して使うようになります。

ただ、思考のために言葉を使うとはいっても、大人だって、頭の中でダラダラと文章で考える人はいないですよね。人は考える時、頭の中のイメージの余計な部分を全部そぎ落として、大事なものだけを言葉に変えています。イモ掘りの例でも、頭の中に言葉で浮かぶのはせいぜい「おイモ」「ウサギ」「顔」程度のものです。

そして頭の中で余計な部分をそぎ落とした言葉に、もう一度、主語、述語や「が」「を」「に」などを全部付け加えて初めて、書き言葉が完成します。

このように言葉は、「無意識の話し言葉→意識的な思考のための言葉→意識的な書き言葉」の順で発達します。ですから上手に話すことができても、文章を書くことはできないわけです。

そして何より子どもは、「イモ掘りのこと、話したい！」とは思いますが「イモ掘りのこと、書きたい！」とはなかなか思わないので、作文を書くモチベーションが上がらないのも事実ですよね。

では、小学校に入って作文で苦労しないためには、幼児期には何をしたらいいんでしょう。ヴィゴツキー曰く、**子どもならではの書き言葉こそ、お絵描き**だそうです。お絵描きは頭の中のイメージを、文字を使わずにそのまま形にすることです。子どものお絵描きはまさに、書き言葉の前段階なんです。イモ掘りの時の楽しかった思い出を絵に描いて楽しんでいれば、文法をちゃんと理解する頃には素敵な作文を書くようになります。

ドイツの有名な心理学者であり言語学者であるカール・ビューラーも、話し言葉が上手になってきた時期からお絵描きが始まると言っています。お絵描きは素敵な作文への第一歩なんですね。

もちろん、わざわざ画用紙を用意して作品を仕上げる必要なんてありません。イモ掘りのお話を聞いている時に例えば、「ウサギの形のおイモって、どんなだったの？　描いてみて」なんて言って、チラシの裏とクレヨンでも差し出してあげたらどうでしょう。楽しいお話の延長で、お絵描きを楽しませてあげてみてくださいね。

Section3 算数

55 お風呂で数を数えさせない
——親が数を数えてあげるほうが、算数力アップにはよっぽどいい

算数ができるほど、目標達成力もアップする

大人になって仕事をするようになると、まるでミサイルが飛び交うように次から次へと課題がやってきます。でもこれを何となく処理していると、取り返しがつかなくなるかもしれません。ですから、ものごとをいろんな切り口から眺めて、課題解決への近道を見つけて、論理的に判断して実行していく、そんな人になりたいものです。

目標到達のために計画的に行動を制御する能力を「実行機能」といいます。そして、状況を論理的に判断して実行する能力は、算数の能力と重複するところが多く、実際、幼児期の実行機能と算数の理解力はよく一致することが分かっています(1)。つまり、**サクサクと仕事を片**

付ける頭の回転の速さを鍛える第一歩が算数なんです。

さらに、**小学3年生の算数の成績が、入学時の算数の能力ととてもよく関係する**という報告(2)をはじめ、幼児期の算数力がその後の学業成績に影響するという研究結果がたくさんあります。「算数は積み重ね」とはまさにその通りで、こればかりはあんまりテキトーにしていると、あとで痛いしっぺ返しを食らいます。

とはいえ、そんなに必死にならなくてもいいので、ご心配なく。ちょっとだけ気を付けてあげればよく、あとは勝手に伸びていくようになります。

算数には、「算数語の理解」「数感覚」「計算力」「イメージ力」の4つの力が必要です。

一つ目の「算数語の理解」とは、「●●●……」という具体的なものを表すために、「いち、に、さん……」という数の言い方や順番を覚え、さらに「1、2、3……」という、数を表す文字（数字）を覚えることです。

二つ目の「数感覚」とは、例えば2つのお皿に載っている枝豆はどっちが多そうだと感覚的に把握したり、長方形のマスに例えば6文字の名前をバランスよく書いたりする力です。数感覚がないのに計算力だけでゴリ押ししようとすると、あり得ない答えを平気で出してしまいます。そして数感覚こそが、幼児期の環境に一番影響を受ける力です。

数感覚がその名の通り感覚的なのに対して、三つ目の「計算力」は、それをちゃんと論理的に計算する力です。左右のお皿の枝豆の数を数えた上で、それぞれ11個と13個だから、右のお皿の方が2個多いと考えたり、6文字の名前をバランスよく書くために、名前の欄を6等分したりする力です。このような具体的なものでの計算が遊びや生活の中で当たり前にできるようになってはじめて、ドリルでの計算問題が解けるようになります。この順番を守らないと、あっという間に算数が嫌いになってしまいます。

最後の「イメージ力」とは、例えば文章題で何が起こっているのかを理解して解き方を考えたり、図を理解したりする力です。まさに実行機能が図られるわけです。

数を唱えるほど、算数力は鍛えられる

このように、**まずは算数語を理解することがスタート**です。国語の語彙力を高めるのと同じで、**算数語も使えば使うほど上手に使えるようになります。**

算数語の基本は、10まで唱えることです。ただし、絶対に無理に数を唱えさせてはいけません。日本では数唱を「お風呂の歌」と言うくらい、**親はお風呂で子どもに数を数えさせたがるものですが、子どもはよっぽど自信がないと、やりたがらないのが当たり前**です。

まだ「できない自分も好き！」と思えるほどには成長していませんから、メタ認知が育つ小

学校3年生頃までは「自分はデキる！」という自己イメージを持っていたいと思うものです。

算数に限らず、自信のないことを無理にやらせようとすると、苦手意識が育ってしまいます。子どもに唱えさせるのではなく、親がたくさん数を唱えてあげましょう。そのうち自信がついてくれば、一緒に唱えるようになってきます。

また、たとえ10まで唱えることができるようになっても、10まで理解できたのとは話が別です。「●●」と「に」と「2」が結びつくためには、次に個数を数える経験が必要です。

最初のうちは大人の真似をして、「いち、に、さん……」などと適当にものを指さしながら数を唱えますが、そのうちひとつずつをモレなく指さして、最後の1個を指さした時に唱えた数が、モノ全体の個数だということが理解できるようになります。これは子どもにとっては大発見なんです。発達心理学の分野では「基数の原理」と呼んだりしますが、できるようになるのはおよそ3歳後半から4歳頃だといわれています。

麻雀をする人は「●●」と「リャン」と「2」が結びついているそうですが、麻雀初心者の人は「『リャン』って、えっと……」と、慣れるまでは大変な思いをします。でも何度も周りの人の言葉を聞いて慣れてしまえば、当たり前に理解できるようになるものです。

子どもも同じです。自分で数を数えるようになるよりもずっと前から、親が何度も数を唱えたり個数を数えてあげたりして、子どもの体に算数語を覚えさせてあげましょうね。

56 数字はまずは、大雑把《おおざっぱ》に感じるくらいでいい

——大雑把に感じる力が強い子ほど、算数や数学の成績がよかった

何となく多い、少ないを感じる力も算数には大事

おやつの時間。大好きなたまごボーロをいつもは10粒あげるのに、なんと袋に残り8粒しかありません。気づかないことを祈りつつ、何食わぬ顔でお皿に入れてあげると……。すぐに「少ないっ！」という子どもの声がしました……。気づくものですね（笑）。

このように、数えもせずにおよその数を判断する、つまり**大雑把に数を感じる脳の仕組みを「概数システム」といいます。**頭のテッペンより少し後ろの、頭頂葉の溝の辺りにその中枢があり、大人でも例えばスーパーでイチゴが多く入っているパックをパッと見た目で選んだり、子どもたちと大勢でワイワイ遊んでいて、ふと「あれ？　ひとり足りない」と感じて大慌てしたりする時にも、この概数システムに関わるニューロンが動いていています（1）。

概数システムは絶対的な数ではなく、相対的、つまり何かと何かを比べた時の違いの感じ方で評価します。そして10個に4個足して14個になったら気づくとしても、100個に4個足し104個になっても気づかないというように、感度は変化の割合で決まります（ウェーバーの法則）。

概数システムは生後間もなくから発達し始め、4〜8歳では4割の違い（例えば10個と14個）を感じることができるようになり、その後もゆっくりと成長し続け、大人は1、2割の違いでも感じることができるようです（2）。

ここ10年間ほど、幼児期の概数システムの成績と、学校に入ってからの算数や数学の成績が、深く関係しているという報告が相次いでいます。

例えば、アメリカ合衆国の名門、ジョンズ・ホプキンズ大学の認知科学者ジャスティン・ハルバーダ教授たちは、5歳での概数システムの成績がよいほど、14歳での数学の成績がよいことが分かったと、世界で最も権威のある学術雑誌『ネイチャー』で報告しました。画面上に表示されたたくさんの青と黄色の玉の、どちらの色が多いかが何となく分かった子どもほど、将来、数学が得意になったそうです（3）。

一方で、他の教科は問題がないのに数学だけ学習が困難な中学生は、概数システムの成績が極端に悪いという報告もあります（4）。

概数システムは、キッチリと数を数えたり考えたりすることではなく、「何となく、こっちの方が多い」というように、大雑把に数を感じる仕組みです。この分野の研究はまだ歴史が浅いので、なぜ大雑把に数を感じられる子どもほど、算数の成績がよいのかはよく分かっていません。もしかしたら、数の感覚が体に染みついているので、算数を勉強した時に腑に落ちやすいのかもしれません。

いずれにせよ、算数が得意になるためには、数の感覚が敏感であることが大切なようです。

指をどんどん使うだけでも算数力は強化される

では、幼児期の概数システムを発達させてあげるには、どうしたらよいのでしょうか。

アマゾン地帯に住むムンドゥルク族は、数を表す言葉を持たない民族として知られています。フランス国立保健医学研究所のスタニスラス・デヘイン教授たちがムンドゥルク族の概数システムについて調べたところ、学校に通ったことがない人は大人でも先進国の6歳児レベルでしたが、学校に通ってポルトガル語（もちろん、数についての言葉がたくさんあります）を学んだ大人の概数システムの成績は、ちゃんと教育を受けた先進国の大人に近いレベルまで上がっていたそうです。

ムンドゥルク族には数を表す言葉がほぼゼロです。言葉がないということは、普段、数を意識しないということです。でも学校でポルトガル語を学んだり、さらには数について学んだりすると、当然、数を意識し始めます。すると、脳の概数システムに関わるニューロンが活性化し、数の違いに敏感になっていたのだと考えられます。

よい音色を聴き分けられる聴覚を手に入れるためには、たくさんの音楽を聴くしかありませんし、味覚を敏感にするためにはさまざまな味を経験するしかありません。同じように、**数の感覚を磨くためには、日頃から数をたくさん感じることです。**

そして、数を持たないムンドゥルク族の人が4以上の数を感じられないことからも分かるように、数を表す言葉があるからこそ、人は数を感じることができます。つまり数の感覚が鋭い人は、ものの数と、数を表す「ゴ」などの言葉がしっかり結びついているということです。

そして、**ものの数と言葉を結びつけるのに便利なのが、いつでもどこでも手元にある「指」**です。子どもの数の感覚を磨くために、数の話をしながら指をたくさん使いましょう。「今日は5人で遊んだね」と言いながら5本の指を立てるだけで、子どもの体に「5」のカタマリのイメージが「ゴ」という言葉とともに記憶されます。子どもの体に、視覚と聴覚から、いろんな数をたくさん感じさせてあげて、数の感覚を磨いてあげましょうね。

57 ドリルでのミスを正さない

――ドリルも楽しく取り組んでナンボ

具体と抽象の行き来を通じて、理解力が増強されていく

幼い子どもは、具体的なことは理解しやすいものです。一方で、例えば幼い子どもに「お行儀よくして！」と言っても、「お行儀よく」というのが抽象的でよく分かりません。

子どもは「『お行儀よく』とは、具体的にどういうことですか？」とばかりに、ポカンとしてしまいます。こんな時は「靴を揃えて」とか、「お茶碗《ちゃわん》を持って」とか、「ここに座って」と具体的に言ってあげれば、小さい子どもでもよく分かります。

そして、「靴を揃える」「お茶碗を持つ」「ここに座る」という具体的な内容の共通する部分を抜き出して「お行儀がよい」という抽象的なレベルで理解できるくらいに成長すれば、今度は他にもお行儀がよい行動を自分で考えて応用できるようになります。「お行儀よく、ね」とだけ言っておけば、挨拶もお片付けもできますし、小さい子の面倒もみてくれるようになるわ

けです。

いわゆる「しっかりしている子」は、一つひとつ具体的なことを言われなくても、「お行儀よく」とか「ちょうどよく」とか「真面目に」などの抽象的な言葉を理解して、自分なりに考えて行動できますよね。これは、**具体と抽象を行ったり来たりすることで、ものごとの本質を理解できる**からです。

そして、その**抽象の代表が言葉と数**です。生活の中では、2歳にもなればずいぶん自由にお話しできますし、4、5歳にもなれば生活の中で当たり前のように足し算や引き算ができます。ただし、これは具体的で直感的です。自分がどういうプロセスで考えているのかは理解していません。ですからこれを抽象化して論理的に考えるために、国語で文法を習ったり、算数で計算や図形を習ったりするわけです。

具体的＝直感的
抽象的＝論理的

まだずいぶん幼い子どもでも、5人で遊んでいる時、2人がもうすぐ帰っちゃうから、そのあとは3人で遊ぶことになるんだなという具体的なことは直感的に理解できます。でも、これを計算問題で論理的に考えることはできません。

とはいえ、こんなことを何度も経験しているうちに、いずれ数字という抽象的なレベルでも理解できるようになってきます。「５－２＝３」という抽象的な問題を、お菓子を食べた時の残りの数で**具体的に考えてみたり、指を使って考えてみたりというように、具体と抽象を行ったり来たりすることで、本質的なことが理解できるようになる**のです。国語も算数も、具体と抽象との行き来が大事なんですね。

そして本質的なことが理解できていると、新しい経験を通じてさらに理解が深まりますから、成長のスピードが加速するわけです。

ドリルが難しい場合は、すぐに難易度を下げてしまってOK

抽象的な学習は、ドリルなどで取り組むことができます。ですから小学校に入る前の1年間くらいは、一日10分、生活の中では当たり前にできることをドリルなどの問題でやってみましょう。もちろん、毎日する必要もないですし、長時間するほどのものでもありません。

本屋さんにはいろんな知育ドリルが売られています。**内容が子どもに合っているかどうかの見分け方は、子どもが楽しんでいるかどうか**です。子どもは自分がどんどん成長できるものは、楽しいと感じるものです。

子どもが楽しんでいないものは、まだ生活の中での具体的な経験が足りないということです。具体的な経験が足りないことをドリルでやることは、害でしかありません。「たす1」がピンとこないのに「とにかく、その次の数が答えになる」というような解き方をしていると、理解できなくても丸ごと覚えるようになったり、さらには親の顔色や目線から正解にたどり着くというずるいスキルが身についたりするだけです。そもそも楽しくありません。幼児期は、楽しくなければ学習じゃない！

「お行儀よく」が分かっていない子どもに「お行儀よくしなさい！」と怒り続けても意味がないのと同じで、ドリルという抽象的なレベルで分かっていないことは具体的な経験が足りないことですから、ドリルではどうやっても真に理解することはできません。

ですから、幼児期のドリルは、正解でも不正解でも、全部、マルにしましょう。どんなに間違いが多くても、「全問正解～！　はい、おしまい！」です。バツなんてつけられても、子どもは楽しくありませんから。

まだ論理的に理解するレベルにありませんから、「正解！」ということで子どもが間違えて覚えてしまう心配は全くありません。そしてそのドリルは一度、棚の奥にしまって、もっと子どものレベルに合ったものに変えましょう。

子どもの発達はデコボコですから、全てをまんべんなくこなして先に進める、なんて真面目にやる必要は一切、ありません。それよりも、例えば展開図の問題が分からないのなら、みかんやバナナを剥《む》いて組み立てたり、箱を分解して工作したりなど具体性のある経験を積ませてあげて、子どもが当たり前のように理解できるまで一緒にたくさん遊びましょうね。

おわりに

その昔、私は息子を「いい子」に育てようと必死でした。食事のマナー、お片付け、礼儀作法など、あらゆる大人のルールを息子が幼いながらにきちんと守り、お友だちにも常に優しく、絵本を読めば静かに隣で聞いている……。そんな子どもであることが正しい姿だと、信じて疑いませんでした。

0歳の頃から「どうぞ、ってしようね」と言い続けていました。お手伝いは責任感を育むものだからと、決めたことを毎日、続けさせようとしました。子どもの「なんで?」に正確に答えるために、カバンの中に辞書や図鑑を入れて持ち歩きました。でもこのような努力は、それはもう「カラカラ」と音がするくらい全てが空回りしていました。

ある日、お友だちにおもちゃを貸せない息子に苛立ち、私はよその子どもとばかり遊んで、息子をわざと仲間外れにするという暴挙に出たことがあります。「おもちゃを貸さないと、仲間外れになる」ということを身をもって体験させようとしたんです。でも大好きな母親から冷たくされた息子は当然、強いストレスを感じ、より一層、傍若無人《ぼうじゃくぶじん》に振舞いました。そしてこれが私の苛立ちをさらに増幅させ、もっと息子に冷たくあたるようになりました。当然の結末です。

そんなある日、息子がいつものように、お友だちに咎められて泣いていました。私はこんな息子が歯がゆくて、もっとお友だちとうまくやってほしくて、ほっておくことができませんでした。そして泣いている息子に「ただ泣いてもしょうがないよ」「ほら、もう泣きやもうよ」「一緒に遊ぼうって、言ってみようよ」と一生懸命、話し続けていました。

この時、ある人から「泣いている子どもに話しかけるのは、失礼だよ」と言われたんです。子どもは一生懸命泣くことで、考え、反省し、強くなろうとしているそうです。そこにゴチャゴチャと親が干渉すると、自分で立ち上がることができなくなるそうです。私の行動は、子どもの成長にとって「邪魔でしかない」とも言われました。この言葉があまりに心に響いて、私はポロポロ泣いてしまいました。この経験があったからこそ、今の私があります。

当時の私は、子どもに親がいろいろと手を掛けることでのみ、子どもが成長できると、心のどこかで考えていたようです。私は子育てにかなり真面目な親で、息子が産まれた頃からそれなりにたくさんの育児書も読んでいましたから、もちろん「手を掛けすぎることはよくない」「自分でできる力を育む」ということは知っていました。でもそれが、きちんと腑に落ちていなかったからこそ、息子に口出しなどをしてしまっていました。

この経験を通じて、子どもの成長を阻害する手の掛け方というものを痛感しました。さらにその後、発達心理学などを勉強し、「今はできなくて当たり前」「これは成長している証拠」「そろそろこういう時期だな」ということを知ったうえで、肩の力を抜いてテキトーに子育てをするようになってからは、子どもがみるみる自立していったんです。

未就学児でしたら、子育てはまだまだ始まったばかり。子どもの発達を知り、自信をもって、ラクに楽しく子育てしたいですね。陰ながら、応援しています。

2019年4月

ハッピーエデュ代表　はせがわ　わか

参考文献

1 ヤル気を出させようとしない （1）CARL A. BENWARE, EDWARD L. DECI, American Educational Research Journal, Winter 1984, Vol 21, No. 4, Pp. 755-76 （2）C. WEILLER, et al., NEUROIMAGE 4, 105-110, 1996

3 我慢できない子どもに「我慢しなさい」と言っても無駄 （1）Roy F. Baumeister, et al., Journal of Personality and Social Psychology, 1998 （2）Dianne M. Tice, et al., Journal of Experimental Social Psychology, 2007

4 おやつをおあずけにしない （1）Walter Mischel, et al., Nat Rev Neurosci., 2011 （2）Huttenlocher P. R., Neuropsychologia, 1990 （3）Roy F. Baumeister, et al., journal of personality, 2006

5 「挨拶しなさい」と言わない （1）Andrew Simpson, et al., British Journal of Developmental Psychology, 2005

6 1歳半まではしつけをしない （1）Turiel E, The development of social knowledge: Morality and convention. Cambridge, England: Cambridge University Press, 1983 （2）Nucci L, et al., Child Development, 1978 （3）Charlotte Buhler, From Birth to Maturity, 1999

7 結果だけを見て叱らない （1）ジャン・ピアジェ著、大伴茂訳、『臨床児童心理学〈第3〉児童道徳判断の発達』、同文書院、1957

8 「他人の気持ちになって考えてみてよ」と言わない （1）Selman R., Social-cognitive understanding. In Lickona T (Ed.), Moral development and behavior. New York (1976) （2）荒木紀幸編著『道徳教育はこうすれば面白い』、北大路書房、1988

9 ごっこ遊びをどんどんさせる （1）Fink, R. S., Psychological Reports, 1976 Angeline S. Lillard, et al., Psychological Bulletin, 2013

10 「何回言ったら分かるの？」は禁句 （1）メラニー・フェネル著、曽田和子訳、『自信をもてないあなたへ』、CCCメ

ディアハウス

11 「～しちゃダメ」と言わない （1）松村暢隆、Jap. J. of educ. Psychol., 27, 169, 1979

12 うぬぼれていても、放っておく （1）Bjorklund, D, F. & Pellegrini, A. D. 2002 The origins of human nature. American Psychological Association. （2）Roy F. Baumeister, et al., Psychol. Sci. Public Interest, 4, 1, 2003 （3）Alice Miller, International Review of Psycho-Analysis, 6, 61, 1979

13 お手伝いが遊びになっても気にしない （1）Elizabeth W. Dunn, et al., Science, 2008 （2）コリン・ターンブル著、幾野宏翻訳『ブリンジ・ヌガグ 食うものをくれ』、筑摩書房、1974

14 お手伝いしてもご褒美をあげない （1）Felix Warneken and Michael Tomasello, Developmental Psychology, 2008

15 「優しい子になって」と言わない （1）https://nwec.repo.nii.ac.jp/?action=repository_uri&item_id=18712&file_id=22&file_no=1 （2）http://www.mext.go.jp/b_menu/shingi/chousa/shotou/053/shiryo/__icsFiles/afieldfile/2009/03/09/1236114_3.pdf （3）Rizzolatti G., et al., Brain Research Cognitive Brain Research, 1996 （4）Rizzolatti G, et al., Nature Review Neuroscience, 2, 661, 2001 （5）Meltzoff A. N., et al., Science, 1977 （6）Chartrand T., et al., J. Pers. Soc. Psychol., 1999 （7）Ivan Norscia, et al., PloS one, 2011 （8）Iacoboni M., Nature Review Neuroscience, 2006

16 指差しに楽しんで付き合う （1）Iannotti R. J., Developmental Psychology, 1985 （2）Jackson P., et al., Neuropsychologia, 2006 Batson C. D., et al., J. Pers. Soc. Psychol., 1997 （3）U Liszkowski, et al., Journal of Cognition and Development, 2009

17 3歳までの人助けは下手でいい （1）Michael Lewis, Social Cognition and the Acquisition of Self. Plenum Press, 1979 （2）Marino L., et al., 1994. Mirror self-recognition in bottlenose dolphins: Implications for comparative investigations of highly dissimilar species. In S. T. Parker, R. W. Mitchell, & M. L. Boccia (Eds.), Self-awareness in animals and humans: Developmental perspectives (pp. 380-391). New York, NY, US: Cambridge University Press.

(3) Joshua M. Plotnik, et al., PNAS, 2006

18 友だちをえこひいきしても気にしない (1) N. Eisenberg, et al., "Inequalities in Children's Prosocial Behavior: Whom Do Children Assist?" in The Child's Construction of Social Inequalilty, ed. R. Leahy (New York: Academic Press, 1983) (2) Jan M. Engelmann, et al., PLoS One, 2012 (3) KL Leimgruber, PLoS One, 2012

19 子どもをたくさん抱きしめるだけでもいい (1) Ruth Feldman, Neuropsychopharmacology, 2013 (2) PJ Zak, et al., PloS one, 2007

20 仲のいい友だちとばかり遊んでも気にしない (1) Kristina R. Olson, et al., Cognition, 2008

21 叱るよりもまずは、困った相手の様子を伝える (1) Samuel P. Oliner and Pearl M. Oliner. The Altruistic Personality: Rescuers of Jews in Nazi Europe . New York: The Free Press, 1988 (2) Zahn-Waxler, et al.,

22 強制ではなく、選ばせるほうがいい (1) William T. Harbaugh, et al., Science, 2007

24 たくさん見つめ合い、たくさん一緒に遊ぶだけでもいい (1) MARIA MONTESSORI, THE DISCOVERY OF THE CHILD, KALALSHETRA (1958) (2)John Colombo, Annual Review of Psychology, Vol. 52, 2001, pp. 337–367 (3) Holly A. Ruff, et al., Child development, 1990 (4) Mutual Gaze During Early Mother-Infant Interactions Promotes Attention Control Development, Child development, 89 Doi.org/10.1111/cdev.12830 (5) Chen Yu, et al., current biology, 2016

26 子どもの間違いを訂正しない (1) 杉村 健ら、奈良教育大紀要、24、1975

27 「なんでなんで?」と聞かれても、「そういうもの」と答えても構わない (1) Harlene Hayne, et al., Developmental Psychobiology, 2011

29 親が自分をかわいがる (1) 三菱&UFJリサーチ&コンサルティング「子育て支援策等に関する調査2014」

30 子育て中にイライラしてもされても、ごく普通のことなので気にしない (1) Guo-Lin Chen, et al., Am J Med Genet B Neuropsychiatr Genet., 2012 (2) Leszek A Rybaczyk, et al., BMC Women's Health, 2005 (3)

VictoriaHendrickM.D., et al., Psychosomatics, 1998

31　**SNSなどで他人のリア充を見て、自己嫌悪に陥らなくてもいい**　（一）Dr GW Lambert, et al., the Lancet, 2002　（二）Lam RW, et al., Psychiatry Res., 1999　（三）Jacobs BL, et al., Neuropsychopharmacology, 1999

32　**子どもとくすぐりっこをする**　（一）小林郁夫、電気学会研究会資料、2006　（二）Lee S.Berk DHSc, MPH, et al., The American Journal of the Medical Sciences, 1989　（三）Dean Mobbs, et al., Neuron, 2003

33　**1日1分、ボーッとする**　（一）R. Nathan Spreng, et al., Neuroimage, 2011　（二）RE Beaty, et al., Nature, 2015

34　**早寝早起きにこだわらない**　（一）Yan Ouyang, et al., PNAS, 1998　（二）O'Neill JS, et al., Science, 2008　（三）Scott A. Rivkees, PEDIATRICS, 2003　（四）Jamie M. Zeitzer, et al., The Journal of Physiology, 2004　（五）Shigekazu Higuchi, et al., J Clin Endocrinol Metab, 2014

35　**子どもが夜中に起きても一生懸命に付き合わず、さっさと寝かす**　（一）Kenway Louie, et al., Neuron, 2001

36　**親も家事より、まずはたっぷり睡眠**　（一）Van Dongen, et al., Sleep, 2003　（二）Aric A. Prather, et al., Sleep, 2015　（三）Viktor Roman, et al., Sleep, 2005

37　**発表会など本番の前の日はたっぷり眠らせる**　（一）Jonathan R. Whitlock, et al., Science, 2006　（二）ANNA ASHWORTH, et al., J. Sleep Res., 2014　（三）Matthew P. Walker, et al., letters to nature, 2003　（四）Kenichi Kuriyama, et al., Learning & Memory, 2004

38　**好き嫌いがあっても気にしない**　（一）Carolyn J Gerrish and Julie A Mennella, Am. J. Clin. Nutr., 2001　（二）Elsa Addessi, et al., Appetite, 2005　（三）Leann L. Birch, et al., Child Development, 1980

39　**食事は30分でおしまい**　（一）Amy T. Galloway, et al., Appetite, 2008

40　**むら食いを気にしない**　（一）Leann L. Birch, N. Engl. J. Med., 1991

41　**ながら食べをさせない簡単な方法**　（一）Rubinstein J. S., et al., J. Exp. Psychol. Hum. Percept. Perform., 2001　（二）Lori A. Francis, et al., J. Am. Diet Assoc., 2006　（三）Katharine A, et al., Pediatrics, 2001　（四）Juliane Kämpfe, et al., Psychology of Music, 2011

42 お箸を使うのを急がせない （1）志澤美保ら、小児保健研究、2009 （2）Tetsuya Kamegai, et al., Eur J Orthod., 2005

43 適度なテレビやスマホ動画で、子どもも親も息抜き （1）Judy S. DeLoache, et al., Psychological Science, 2010 （2）Krcmar M., et al., Media Psychology, 2007 （3）Sarah Roseberry, Child Dev., 2019 （4）Veena Mazarello Paes, et al., BMJ Open, 2015 （5）Deborah L., et al., J. Dev. Behav. Pediatr., 2014 （6）Russell Jago, et al., Am. J. Prev. Med., 2012 （7）M. J. Koepp, et al., Nature, 1998

45 ジコチューでも気にしない （1）都築郁子ら、保育学研究、2009

46 遊んでばかりの幼稚園／保育園でも気にしない （1）Chaddock-Heyman L., et al., PLoS One, 2015 （2）Chaddock-Heyman L., et al., Medicine & Science in Sports & Exercise, 2011 （3）Huang EJ, et al., Annu. Rev. Neurosci., 2001 （4）杉原隆、他、体育の科学、2011 （5）杉原隆、他、体育の科学、2010 （6）関口はつ江、他、幼児の読み書き能力の発達差の要因について、日本教育心理学会、1994

47 ひっこみ思案でも心配しない （1）A. H. Buss and R. Plomin, Temperament: Early Developing Personality Traits (Erlbaum, Hillsdale, NJ, 1984); L. J. Eaves, H. J. Eysenck, N. G. Martin, Genes, Culture and Personality (Academic Press, New York, 1989) （2）柏木恵子、『幼児期における「自己」の発達』、東京大学出版会、1988 （3）二宮克美、小学生の「たくましい社会性」の日米比較、愛知学院大学教養部紀要、1995 祖父江孝男ら編著『日本の教育力』、金子書房、1995

49 子どものそばで自分が好きな本を読むだけでも、立派な教育になる （1）Valerie Muter, et al., Developmental Psychology, 2001 （2）高橋登、Japanese Journal of Educational Psychology, 1996 （3）岸本裕史著、『見える学力、見えない学力』、大月書店、1994

50 文字を無理に書かせなくていい （1）島村直己、他、Japanese Journal of Educational Psychology, 1994 （2）歌

代萌子、他、東京学芸大学紀要、2015

51 赤ちゃん言葉で話しかけるだけでもいい （1）小林哲生、他、NTT技術ジャーナル、2015

52 子どもの返事は5秒待つ （1）Mills D. L., et al., Developmental Neuropsychology, 1997 （2）Franzo Law, II, Lang Learn Dev., 2015 （3）Nereyda Hurtado, et al., Dev Sci., 2008 （4）Adriana Weisleder, et al., Psychol Sci., 2013 （5）Erika Hoff-Ginsberg, Journal Discourse Processes, 2009

53 子どもの知育に迷ったら、絵本を読んでおけば間違いない （1）S Ohgi, et al., Acta Paediatrica, 2010 （2）Evans M., et al., Psychological Science, 2005 （3）Andrew Biemiller and Catherine Boote, Journal of Educational Psychology, 2006 （4）Yont K. M., et al., Journal of Pragmatics, 2003 （5）佐藤鮎美、他、発達心理学研究、2012

55 お風呂で数を数えさせない （1）Caron A.C. Clark, et al., Child Dev., 2013 （2）Nancy C. Jordan, et al., Dev Psychol., 2009

56 数字はまずは、大雑把に感じるくらいでいい （1）Andreas Nieder, Journal of Comparative Physiology A, 2013 （2）Manuela Piazza, et al., Psychol Sci., 2013 （3）Justin Halberda, et al., Nature, 2008 （4）Michèle M. M. Mazzocco, et al., Child Dev., 2011

著者紹介

はせがわ わか

ハッピーエデュ代表

宮崎県生まれ。一児の母。京都大学大学院工学研究科修士課程修了。大手メーカーの研究員として勤務。

2001年に結婚し、2007年に長男を出産。出産直後から息子の知育に積極的に励みながらも、会社では国内外含め100件以上の特許を出願するなど、息子の知育と仕事の両立に多忙な日々を送る。

時間がない中でも、よりよい子育てをする方法を学ぶ中で、発達心理学会や脳科学会などでは常識であるにもかかわらず、これを一番必要としている親たちに知られてない事実が山ほどあることを知る。長男が就学後、エビデンスに基づいた頭のいい子の育て方を伝えるのは自分しかいないと思い、未就学児を育てる親に育児のアドバイスを行うハッピーエデュを立ち上げる。

ハッピーエデュの活動は口コミで人気を呼び、これまで200人以上の親御さんに幼児教育の方法を指導。97%以上の親御さんから「子どもが学習を楽しむようになった」などの喜びの声を頂戴し、3歳にしてIQ200になった男の子も輩出している。

著書に『世界トップ機関の研究と成功率97%の実績からついに見つかった! 頭のいい子にする最高の育て方』がある。

◆ハッピーエデュ
http:// happyedu.jp/

1人でできる子になる テキトー子育て

世界トップ機関の研究と成功率97%の実績からついに見つかった！

2019年5月2日　初版第1刷発行
2020年3月31日　初版第5刷発行

著　者　はせがわ わか

発行者　小川 淳

発行所　SBクリエイティブ株式会社
〒106-0032　東京都港区六本木2-4-5
電話：03-5549-1201（営業部）

装丁デザイン　竹内雄二

本文デザイン・DTP　荒木香樹

校　正　宮川 咲

編集担当　杉浦博道

印刷・製本　三松堂株式会社

ISBN978-4-8156-0081-5